Christof May
jung.entschieden.christlich

W0247519

Für mein Patenkind Carlotta May

Christof May

jung.entschieden.christlich

Lebenskompass

Butzon & Bercker

Bibliografische Information der Deutschen Nationalbibliothek

Die Deutsche Nationalbibliothek verzeichnet diese Publikation in der Deutschen Nationalbibliografie; detaillierte bibliografische Daten sind im Internet über http://dnb.d-nb.de abrufbar.

Das Gesamtprogramm
von Butzon & Bercker
finden Sie im Internet
unter www.bube.de

ISBN 978-3-7666-1353-0

© 2010 Butzon & Bercker GmbH, 47623 Kevelaer, Deutschland, www.bube.de
Alle Rechte vorbehalten.
Umschlagabbildung: © Yuri Arcurs – Fotolia.com (oben), IamCDN – Fotolia.com (unten)
Umschlaggestaltung: Elisabeth von der Heiden, Geldern
Satz: Schröder Media GbR, Dernbach
Printed in Poland

Inhalt

Ein Wort vorab

Als Kaplan in Wiesbaden hatte ich das große Glück, mit vielen jungen Menschen zusammenzuarbeiten. Gemeinsam planten wir viele Aktionen und setzten sie auch um, wir unternahmen Radtouren, reisten nach Rom, Sizilien und Österreich. Um diese Fahrten zu finanzieren, organisierten wir „Ü-30-Partys", an denen wir selbst am meisten Spaß hatten. Im Winter fand ich die Jugendlichen auf der Eisbahn oder am Weihnachtsmarkt, im Sommer trafen wir uns im Eiscafé oder am „Sonnendeck", einem aufgeschütteten Strand mitten in der Stadt, wo man die Füße in den Sand stecken und im Liegestuhl die Sonne genießen kann.

Alle, die dabei waren, sind ganz normale Jugendliche – und doch ganz anders! Warum?

Sie leben nicht nur in der „Jugendwelt" von Mode, Disco, Internet, Partys und Urlaub – daneben gibt es jemanden, der für sie selbst mit der Zeit immer wichtiger geworden ist: Jesus Christus.

Und das zeigen sie ganz bewusst, indem sie ihren Glauben an ihn sichtbar leben und bereit sind, auch davon zu sprechen. Jede Woche kann man diese jungen Menschen in der heiligen Messe als Ministrantinnen und Ministranten erleben – und das im Alter von mittlerweile 15 bis 21 Jahren!

Sie sind **jung** und stehen in ihrem Alltag ihren Mann bzw. ihre Frau.

Sie sind **entschieden**, denn sie haben entdeckt, woraus sie die Kraft für ihr Leben erhalten. Sie haben aus dem großen Spektrum der Sinnanbieter für das Leben ausgewählt und sich für die persönliche Nachfolge Jesu entscheiden.

Und sie sind **christlich**. Sie leben aus dem Glauben der Kirche, der ihnen Identität und für ihr Leben klare Strukturen und Konturen gibt!

Aus Dankbarkeit diesen jungen Menschen gegenüber schreibe ich dieses Büchlein und denke mit dem Titel „jung. entschieden. christlich" bewusst an sie.

Die Texte in den einzelnen Kapiteln sind geistliche Impulse, die ich während unserer Jugendexerzitien in Sizilien und Österreich halten durfte.

Ich hoffe, dass dadurch auch anderen Jugendlichen aufgehen kann, dass Jesus Christus in ihrem Leben – oftmals unter der Oberfläche versteckt – die bedeutende Rolle spielt.

Christof May

Keine Disco ohne Stroboskop

Was zu jeder Disco dazugehört, was ein unbedingtes „Muss" ist, was eine gute Disco ausmacht, ist neben guter Musik, die von einem genialen DJ aufgelegt wird, die Beleuchtungsanlage. Neben Discokugel, Nebelanlage und Lichtstreuer darf das Stroboskop nicht fehlen. Von Jugend an bin ich immer wieder davon begeistert. Jeder Derby (ein Lichtstreuer, der im Rhythmus der Musik das Licht in den Raum „wirft") ist berechenbar, denn er reagiert taktgenau auf den Rhythmus der laufenden Musik. Ganz anders verhält es sich beim Stroboskop – in eng geschalteten Frequenzen lässt er grell helles Licht aufblitzen, sodass man in den Augenblicken zwischen diesem Aufleuchten nichts mehr sieht. Die Folge davon: Jede Bewegung erscheint abrupt, die tanzenden Menschen bewegen sich roboterhaft. Es ist kein kontinuierliches Mitschwingen mehr erkennbar, alles sieht sehr sprunghaft und abgehackt aus.

Unser Leben gleicht einer Disco: Es ist bunt. Das ständig wechselnde Licht des Derby steht für die Vielfalt unserer Lebensstile – jeder hat seinen ganz eigenen Musikstil, seine Art, sich zu kleiden, seine bevorzugten Moden. Jeder hat seine ganz eigenen Hobbys, Filme, die er am liebsten schaut, bevorzugte Computerspiele, bestenfalls vielleicht sogar ein Lieblingsbuch. Und die Vorlieben können natürlich wechseln – mit 15 oder 16 Jahren kleidet man sich gewiss anders als mit 25, man hört andere Musik und hat andere Interessengebiete.

Leben ist in der Vielfalt unserer individuellen Gestaltung bunt. Zugleich ist es manchmal nebulös. Es gleicht einer Nebelmaschine: Zwar erahnen wir, was als Nächstes kommt, aber irgendwie bleibt es doch geheimnishaft. Bei allen Möglichkeiten heutiger Forschung ist das, was morgen kommt, doch im Letzten nie voraussehbar. Wir können zwar planen und Zukunftspläne schmieden, was indes tatsächlich in der kommenden Zeit geschieht, steht für uns heute noch im Nebel – und das ist gut so. Zwar beängstigt es uns immer wieder, dass wir keine absolute Planungshoheit über unsere eigene Existenz haben, zugleich aber ist es doch beruhigend zu wissen, dass nicht alles in meinem Leben von mir selbst abhängt. Im Gegenteil: Das, was Leben im Letzten ausmacht, kann ich mir nicht selbst zuschreiben, kann ich gar nicht planen oder tun.

Natürlich seid ihr in einer Lebensphase, in der Leben geplant werden muss, und dazu will dieses Büchlein eine Hilfe sein. Es möchte helfen, ein paar der wichtigsten Fragen in eurem Leben zu beantworten: Was will ich mit meinem Leben? Wo will ich eigentlich hin? Was sind meine Ziele? Beginne ich gerade mit der Ausbildung oder mit dem Studium, weil ich das wirklich aus tiefstem Herzen will, oder eher, weil ich momentan keine anderen Möglichkeiten sehe – vielleicht auch, weil ich mir gar nicht die Zeit genommen habe, über Alternativen nachzudenken? Drücke ich die Schulbank, weil man das eben so macht, oder verbinde ich damit zugleich ein höheres Ziel – einen gesunden Wissensdurst, eine positive

Neugierde beispielsweise, um den Dingen auf den Grund zu schauen, oder einen guten Schulabschluss, damit ich mir hinterher den Traum verwirklichen kann, Arzt, Architekt oder Designer zu werden.

Diese Dinge wollen wohlbedacht und entsprechend geplant werden. Trotzdem: Das Wichtigste bleibt im Nebel, unplanbar. Stellt euch vor, ihr schafft es, all eure beruflichen Pläne zu verwirklichen – ihr werdet beispielsweise ein vielgefragter Architekt – und dann geschieht plötzlich das Unvorhersehbare: Euer Partner oder eure Partnerin stirbt, ihr bekommt eine schwere Krankheit, eure Ehe geht in die Brüche … Merkt ihr etwas? Wir können nicht alles planen, das Wichtigste bleibt Geschenk: dass es in der Beziehung klappt, wir gesund bleiben, gelingende Freundschaften leben. Wir können daran arbeiten und mitarbeiten; dass es indes wirklich gelingt, ist das unermesslich große Geschenk des Lebens.

Wie selbstverständlich stehen wir doch am Morgen eines jeden Tages auf und bemerken gar nicht, wie gut es ist, dass wir alle Sinne beisammen haben und überhaupt aufstehen können. Das liegt nicht in unserer Hand – also gilt es doch immer wieder zu danken!

„Ein Vorschlag wäre eine geistliche Abendgestaltung. Wir könnten es uns zur Gewohnheit machen, mindestens eine Viertelstunde lang Stunde um Stunde eines vergangenen Tages im Geiste noch einmal durchzugehen; die Zeiten bewusst noch einmal zu durchleben und darauf zu achten, was sich bei näherem Zusehen an Positivem ereignet hat. Wir

werden dann selbst überrascht sein, wie wir immer Dinge entdecken, die unser Selbstvertrauen stärken und die uns helfen können, pessimistische Anwandlungen, in denen wir alles schwarzzusehen geneigt sind, abzulegen. Da gibt es das aufmunternde Wort, das uns für den nächsten Schritt wieder zu stärken vermag; das gelungene Gespräch, das für unsere Entscheidungen klärend gewirkt hat; den unverhofften Besuch, der uns einfach sagt: Es ist gut, dass es dich gibt.

Dies alles sind kleine, für das ungeübte Auge kaum sichtbare Ereignisse. Aber sie reden dennoch zu uns. Sie sind, wenn wir sie betend und dankbar annehmen können, wirkliche Wohltaten; sozusagen Brosamen, die Gott uns als tägliche Speisung hinterlässt. Wir müssen sie aufheben und sie uns zur Nahrung werden lassen. Wir könnten es so tun wie jener orientalische Mönch, der nie schlafen ging, ohne Gott wenigstens für drei kleine Ereignisse des Tages zu danken. Wir werden keine Mühe haben, solche dankenswerten Dinge und Ereignisse zu finden."[1] Wenn wir gelernt haben, für das Vergangene dankbar zu sein, dann wächst in uns zugleich die Gelassenheit, die Zukunft in die Hand Gottes zu legen, ohne uns zu sehr zu sorgen. Hugo Rahner drückt es folgendermaßen aus: „Vertraue so auf Gott, dass du dabei das von eben diesem Vertrauen ermöglichte und geforderte Mittun nicht vergisst; und dennoch: Tue so mit, dass eben dieses Mitarbeiten erfüllt bleibt vom Wissen um die Führung Gottes."[2]

Das Leben gleicht einer Disco: Es ist bunt, und das Morgen bleibt nebulös. Und zugleich ähnelt es in seinen Rhythmen oftmals dem hochfrequenten Stroboskop: In jedem Augenblick erscheint etwas völlig anderes. Wer die in diesem Licht tanzenden Menschen beobachtet, sieht keine kontinuierliche Bewegung, sondern nur Sprunghaftes: Erschien ein Tänzer gerade noch in der einen Ecke des Raumes, so wird er mit dem nächsten Aufblitzen des Lichtes auf der anderen Seite wahrgenommen. Das Stroboskop ist faszinierend und zugleich gefährlich: faszinierend, da die Bewegungen roboterhaft erscheinen; es fächert die Dinge und die Bewegungen auf. Zugleich aber ist es gefährlich, denn wir glauben, alles zu sehen; indes fehlen uns die kleinen Versatzstücke, die in Sekundenbruchteilen der Dunkelheit verloren gehen. Das Stroboskop verhindert eine kontinuierliche Betrachtung. Nichts ist mehr in einer aufeinanderfolgenden Bewegung erkennbar, alles geschieht sprunghaft.

Betrachten wir nun unser eigenes Leben aus dieser Perspektive: Wie sieht es aus? Gibt es ein Kontinuum in meinem Leben? Wenn ich auf die vergangenen Monate oder Jahre zurückblicke, vermag ich dann etwas zu erkennen, was sich wie ein roter Faden durch meine eigene Geschichte zieht?

Die Generation unserer Eltern und Großeltern sagt uns immer wieder, wir lebten in einer kurzlebigen Zeit. Machen wir uns nichts vor: Sie haben recht. Versetzt euch einmal in die Lage eurer Großeltern, als sie so alt waren wie ihr. Wie sahen denn damals die Perspektiven aus? Als junger Mensch machte man eine Ausbildung, oder es wurde, wenn es finanziell möglich war, studiert. Danach begann das Berufsleben, das in der Regel bis zum Pensionsalter dauerte. In einem Dorf geboren, wuchs man dort auf, machte dort seine Ausbildung, blieb dort, insofern man den Partner für das Leben fand, und wurde auch dort zu Grabe getragen.

Heute sieht das alles ganz anders aus. Wir sind ständig unterwegs. Wer heute eine Ausbildung macht, kann fest davon ausgehen, dass er in 15 Jahren einer ganz anderen Beschäftigung nachgeht. Nichts hat mehr Beständigkeit; sein ganzes berufliches Leben lang ist man gefordert, sich weiterzubilden und sich zu qualifizieren.

Was für den Beruf und die Ausbildung gilt, trifft genauso auf die Freizeitgestaltung zu: Wenn die Menschen früher Freizeit hatten, verbrachten sie diese oftmals in Vereinen. Im Dorf waren das der Sport- und der Gesangverein und vielleicht noch ein Orchester. Allwöchentlich ging man zum Training und zur Probe, und die große Abwechslung bestand in einem Freundschaftsspiel oder Konzert, das auswärts stattfand. Das war oftmals die einzige Möglichkeit, andere Menschen über die Dorfgemeinschaft hinaus kennenzulernen. Und heute?

Geht doch mal der Frage nach, welche Hobbys ihr bereits hattet. In wie vielen Sportarten habt ihr euch erprobt, auf welchen Musikinstrumenten wolltet ihr Virtuosen werden? Das geht mittlerweile schon im Kindergartenalter los. Als wir einen gemeinsamen wöchentlichen Termin für die Erstkommunionvorbereitung zu finden versuchten, stießen wir dabei auf größte Schwierigkeiten, da schon die Neunjährigen einen überfüllten Freizeitkalender haben: Reiten, Klavierunterricht, Schwimmen, Fußball, Ballett, Tennis, Golf ... Ganz zu schweigen von den mannigfaltigen Möglichkeiten, die der gesamte Computer- und Internetbereich mit sich bringt.

Beruf, Freizeit – ich habe den Eindruck, dass sich das gleiche stroboskopische Verhalten auch in unserem Beziehungsleben widerspiegelt. Wir können es mit Statistiken belegen: Eine immens hohe Zahl von Ehen zerbricht – und interessanterweise reden wir mittlerweile wie selbstverständlich von Lebensabschnittspartnern. Das setzt ja schon voraus, dass es zur nächsten Etappe wiederum einen anderen Partner geben muss.

Treue in der Freundschaft? Treue in Beziehungen? Gibt es einen roten Faden durch meine „Freundschaftsbiografie"? Anders gewendet: Wie viele „Leichen" habe ich denn bereits im Keller? Damit ich nicht falsch verstanden werde: Es kommt natürlich vor, dass man sich aus den Augen verliert. Es ist auch normal, dass wir unsere Beziehungen unterschiedlich intensiv gestalten. Und sicher werde ich, werdet ihr heute nicht mehr den gleichen intensiven Austausch mit einer Person pflegen, neben der wir in der fünften Klasse die Schulbank gedrückt haben. Eine in die Brüche gegangene Beziehung ist ebenfalls kein Drama. Wenn uns allerdings aus früheren Lebensphasen gar keine Kontakte mehr geblieben sind, dann sollten wir doch vielleicht ein großes Fragezeichen über unsere Beziehungsfähigkeit machen. Bunt können Beziehungen sein, man kann einen großen Freundes- und Bekanntenkreis pflegen – einem Derby gleich können da Menschen unterschiedlichster Lebensauffassungen dabei sein. Dadurch wird das eigene Leben tatsächlich viel bunter. Die Farben der Charaktere gehen, wenn auch nicht immer harmonisch, ineinander über. Anders verhält es sich beim Stroboskop, was bedeutet, dass die Beziehungsfelder und -ebenen gar nicht mehr miteinander zu verbinden sind und Lücken entstehen.

Vielfalt in Arbeit und Freizeit, Vielfalt in den Beziehungen, Vielfalt in den Stilen …

Stroboskopisch hüpfen viele Menschen in ihren Lebensbereichen von einer Etappe zur nächsten. Wo bleibt das Kontinuum? Und wie kann ich im unübersichtlichen Markt der Möglichkeiten eine Beständigkeit entdecken?

„Das betende Durchgehen des Alltags hilft uns, Entscheidungssituationen zu klären. Wenn wir die Dinge und Ereignisse, die uns jeden Tag begegnen und überraschen, in den Raum Gottes hineinstellen, dann beginnen sie von selbst die ihnen gebührende Qualität anzunehmen. Vieles erweist sich dann als so gering, dass es unnütz ist, sich darob zu ängstigen und übermäßig zu sorgen. Anderes hingegen tritt in den Gehalt, den es für die Richtung des Lebens hat, erst im Gebet richtig hervor. Es kann sich, wo wir es zu wägen versuchen, als so gewichtig erweisen, dass wir vieles ändern müssen, um es zu erringen. ‚Gebet allein macht objektiv‘.“[3]

Es geht darum, in den verschiedenen Lebens- und Erlebnisetappen ein Gesamtbild zu erkennen. Dafür ist es zunächst notwendig, sich die Zeit zu nehmen, um die Vergangenheit Revue passieren zu lassen. Erst im Nachhinein kann ich das Gesamtbild meines Lebens entdecken. Und so werde ich auch entdecken, dass ich immer wieder geführt wurde. Das, was mir zunächst als ein Bruch oder Fragment erscheint, kann sich im Nachhinein doch noch als sinnvoll erweisen.

Ich möchte ein konkretes Beispiel geben: Nachdem ich einige Jahre in Rom studiert und dort meinen Abschluss gemacht hatte, ging es um die Vorbereitung auf die Diakonenweihe, die natürlich im Heimatbistum stattfand. So war es sinnvoll, auch die Vorbereitung dazu in den heimischen Gefilden zu absolvieren. Stattdessen hatte ich die Idee, das Jahr nicht etwa im Bistum, sondern besser in Frankreich in einer Equipe von Arbeiterpriestern zu verbringen. Mit viel Energie konnte ich gegenüber dem Bischof dieses Anliegen durchsetzen, und so reiste ich voller Tatendrang nach Bordeaux. Dort angekommen, musste ich die schmerzhafte Erfahrung machen, nicht erwünscht zu sein. Bei über 40 verschiedenen Stellen habe ich mich beworben, vom Lagerarbeiter über den Kellner und Küchengehilfen bis hin zum Toilettenputzer auf Campingplätzen – alles ohne jeglichen Erfolg. So blieb mir nichts anderes, als wieder meine Koffer zu packen. Durchkreuzte Pläne, brüchige Perspektiven, Leben im Fragment.

Desillusioniert kam ich nach Deutschland zurück und bekam spontan das Angebot, in einer Frankfurter Pfarrei zu arbeiten. Im Nachhinein weiß ich sicher: Mir hätte nichts Besseres passieren können. Ich habe dort mehr gelernt, als ich jemals in Frankreich hätte lernen können.

Ein zweites Beispiel: An meiner ersten Kaplanstelle in Deutschland war ich nur für ein knappes halbes Jahr tätig. Voller Eifer hatte ich mich in die Arbeit gestürzt und mich schnell dort eingelebt, aber nach nur kurzer Zeit musste ich die Stelle wechseln. Ich wollte nicht und wehrte mich innerlich „mit Händen und Füßen" dagegen. Es erschien mir vor Ort sicherer und besser. Nach den folgenden vier Jahren an anderer Stelle weiß ich, dass das Leben aus vermeintlich krummen Zeilen gerade machen kann.

Lasst euer Leben, gerade auch die Brüche darin, Revue passieren! Achtet darauf, dass wir oftmals erst im Nachhinein erkennen, wie Gott in unser Leben eingegriffen hat! Er ist der Gott, der mit uns geht und uns führt – das ist die Übersetzung des Tetragramms „*JHWH*": Ich bin der „Ich-bin-da".

„Mose weidete die Schafe und Ziegen seines Schwiegervaters Jitro, des Priesters von Midian. Eines Tages trieb er das Vieh über die Steppe hinaus und kam zum Gottesberg Horeb. Dort erschien ihm der Engel des Herrn in einer Flamme, die aus einem Dornbusch emporschlug. Er schaute hin: Da brannte der Dornbusch und verbrannte doch nicht. Mose sagte: Ich will dorthin gehen und mir die außer-

gewöhnliche Erscheinung ansehen. Warum verbrennt denn der Dornbusch nicht?

Als der Herr sah, dass Mose näher kam, um sich das anzusehen, rief Gott ihm aus dem Dornbusch zu: Mose, Mose! Er antwortete: Hier bin ich. Der Herr sagte: Komm nicht näher heran! Leg deine Schuhe ab; denn der Ort, wo du stehst, ist heiliger Boden. Dann fuhr er fort: Ich bin der Gott deines Vaters, der Gott Abrahams, der Gott Isaaks und der Gott Jakobs. Da verhüllte Mose sein Gesicht; denn er fürchtete sich, Gott anzuschauen. Der Herr sprach: Ich habe das Elend meines Volkes in Ägypten gesehen und ihre laute Klage über ihre Antreiber habe ich gehört. Ich kenne ihr Leid. Ich bin herabgestiegen, um sie der Hand der Ägypter zu entreißen und aus jenem Land hinaufzuführen in ein schönes, weites Land, in ein Land, in dem Milch und Honig fließen, in das Gebiet der Kanaaniter, Hetiter, Amoriter, Perisiter, Hiwiter und Jebusiter. Jetzt ist die laute Klage der Israeliten zu mir gedrungen und ich habe auch gesehen, wie die Ägypter sie unterdrücken. Und jetzt geh! Ich sende dich zum Pharao. Führe mein Volk, die Israeliten, aus Ägypten heraus!

Mose antwortete Gott: Wer bin ich, dass ich zum Pharao gehen und die Israeliten aus Ägypten herausführen könnte? Gott aber sagte: Ich bin mit dir; ich habe dich gesandt und als Zeichen dafür soll dir dienen: Wenn du das Volk aus Ägypten herausgeführt hast, werdet ihr Gott an diesem Berg verehren. Da sagte Mose zu Gott: Gut, ich werde also zu den

Israeliten kommen und ihnen sagen: Der Gott eurer Väter hat mich zu euch gesandt. Da werden sie mich fragen: Wie heißt er? Was soll ich ihnen darauf sagen?

Da antwortete Gott dem Mose: Ich bin der ‚Ich-bin-da‘. Und er fuhr fort: So sollst du zu den Israeliten sagen: Der ‚Ich-bin-da‘ hat mich zu euch gesandt. Weiter sprach Gott zu Mose: So sag zu den Israeliten: Jahwe, der Gott eurer Väter, der Gott Abrahams, der Gott Isaaks und der Gott Jakobs, hat mich zu euch gesandt. Das ist mein Name für immer und so wird man mich nennen in allen Generationen. Geh, versammle die Ältesten Israels und sag ihnen: Jahwe, der Gott eurer Väter, der Gott Abrahams, Isaaks und Jakobs, ist mir erschienen und hat mir gesagt: Ich habe sorgsam auf euch geachtet und habe gesehen, was man euch in Ägypten antut. Darum habe ich beschlossen, euch aus dem Elend Ägyptens hinaufzuführen in das Land der Kanaaniter, Hetiter, Amoriter, Perisiter, Hiwiter und Jebusiter, in ein Land, in dem Milch und Honig fließen. Wenn sie auf dich hören, so geh mit den Ältesten Israels zum König von Ägypten; sagt ihm: Jahwe, der Gott der Hebräer, ist uns begegnet. Und jetzt wollen wir drei Tagesmärsche weit in die Wüste ziehen und Jahwe, unserem Gott, Schlachtopfer darbringen. Ich weiß, dass euch der König von Ägypten nicht ziehen lässt, es sei denn, er würde von starker Hand dazu gezwungen. Erst wenn ich meine Hand ausstrecke und Ägypten niederschlage mit allen meinen Wundern, die ich in seiner Mitte vollbringe, wird er euch ziehen lassen. Dann werde ich die Ägypter zugunsten dieses Volkes umstimmen, und wenn ihr wegzieht, werdet ihr nicht mit leeren Händen gehen. Jede Frau kann von ihrer Nachbarin oder Hausgenossin silberne und goldene Geräte und Kleider verlangen. Übergebt sie euren Söhnen und Töchtern und plündert so die Ägypter aus!"

(Exodus 3,1–22)

Fische im Netz

„Nachdem man Johannes ins Gefängnis geworfen hatte, ging Jesus wieder nach Galiläa; er verkündete das Evangelium Gottes und sprach: Die Zeit ist erfüllt, das Reich Gottes ist nahe. Kehrt um und glaubt an das Evangelium! Als Jesus am See von Galiläa entlangging, sah er Simon und Andreas, den Bruder des Simon, die auf dem See ihr Netz auswarfen; sie waren nämlich Fischer. Da sagte er zu ihnen: Kommt her, folgt mir nach! Ich werde euch zu Menschenfischern machen. Sogleich ließen sie ihre Netze liegen und folgten ihm. Als er ein Stück weiterging, sah er Jakobus, den Sohn des Zebedäus, und seinen Bruder Johannes; sie waren im Boot und richteten ihre Netze her. Sofort rief er sie und sie ließen ihren Vater Zebedäus mit seinen Tagelöhnern im Boot zurück und folgten Jesus nach."

(Markus 1,14–20)

Die Zeit ist erfüllt

Wann ist denn die Zeit faktisch erfüllt? Wie alt muss man werden, um zu entdecken, dass die Zeit erfüllt ist? Im geistlichen Leben ist es meines Erachtens immer am besten, von den eigenen Erfahrungen zu reden, sonst wird es zu langweilig: Als ich nach der vierten Klasse an die weiterführende Schule wechselte, war ich in meiner Jahrgangsstufe der Einzige aus meinem Heimatort. Somit kannte ich noch niemanden. Allerdings hatten meine Eltern am ersten Tag Bekannte aus einem wenige Kilometer entfernten Dorf getroffen, und deren Sohn Josef sollte auch in meine Klasse gehen. Nachdem wir uns bekannt gemacht hatten, war es klar, dass wir uns auch nebeneinander setzen. Recht schnell entwickelte sich eine Freundschaft zwischen uns beiden. Voller Stolz erzählte der vom Bauernhof stammende Josef, der Juppie gerufen wurde, immer wieder von zweien seiner Onkel, die Priester waren. Der eine war sogar in der Mission in Brasilien tätig.

Eines Tages fragte uns unser Klassenlehrer, was wir denn später einmal werden wollten. Bis zu jenem Tag hatte ich mir nie ernsthaft Gedanken darüber gemacht. Wie die meisten Jungs wollte ich mal Pilot werden. Etwas „extravaganter" war die Idee, Metzger zu lernen, da mein älterer Bruder damals Bäcker werden wollte. Die Befragung ging reihum, und direkt vor mir sagte Juppie im Brustton der Überzeugung: „Ich werde Priester!" Das war ja auch naheliegend – schließlich hatte er die beiden Priesteronkel. Nun war die Reihe an mir, und ich sagte: „Ich werde ... Priester!"

Bis heute ist mir nicht ganz klar, warum ich das sagte. Noch zehn Sekunden zuvor hätte ich „Metzger" geantwortet. Mit einem Mal stand da nun dieser Satz im Raum: „Ich werde Priester!" – und das von einem Zehnjährigen. Und trotzdem, diese Aussage hat mich begleitet, bis zum Abitur und – wie ihr seht – weit darüber hinaus.

Die Zeit ist reif – ein Kind, das Priester werden will! Ist die Zeit schon reif gewesen? Ich war mit Sicherheit noch nicht reif. Wer kann schon von sich sagen, dass er reif ist? Was soll das ganze Gehabe um eine „Reifeprüfung"? Ausgereift sind wir nicht mal, wenn wir alt sind – schaut euch doch das Leben an: bis zum 20. Lebensjahr Schule und beziehungsweise oder Ausbildung, die zehn Jahre danach Familiengründung, die Jahre bis 40 gelten der Sicherung der Existenz, bis 50 muss man auf dem Höhepunkt der Karriere angelangt sein, sonst wird das nichts mehr, bis 60 stellt man sich unreife Fragen, wie man mit dem Altern umgehen soll, die kommenden zehn Jahre beschäftigt man sich mit den langsam aufkommenden gesundheitlichen Beschwerden und sucht Wege, sie zu umgehen, und danach werden wir wieder nach und nach wie die Kinder! Wann ist die Zeit reif?

Die Reife der Zeit hat nichts mit unserer persönlichen Reife zu tun – ich war mit zehn Jahren noch grün hinter den Ohren und absolut unreif, aber die Zeit war scheinbar reif. Ähnlich ging es Samuel, als Gott das erste Mal zu ihm sprach:

„Der junge Samuel versah den Dienst des Herrn unter der Aufsicht Elis. In jenen Tagen waren Worte des Herrn selten; Visionen waren nicht häufig. Eines Tages geschah es: Eli schlief auf seinem Platz; seine Augen waren schwach geworden und er konnte nicht mehr sehen. Die Lampe Gottes war noch nicht erloschen und Samuel schlief im Tempel des Herrn,

wo die Lade Gottes stand. Da rief der Herr den Samuel und Samuel antwortete: Hier bin ich. Dann lief er zu Eli und sagte: Hier bin ich, du hast mich gerufen. Eli erwiderte: Ich habe dich nicht gerufen. Geh wieder schlafen! Da ging er und legte sich wieder schlafen.

Der Herr rief noch einmal: Samuel! Samuel stand auf und ging zu Eli und sagte: Hier bin ich, du hast mich gerufen. Eli erwiderte: Ich habe dich nicht gerufen, mein Sohn. Geh wieder schlafen! Samuel kannte den Herrn noch nicht und das Wort des Herrn war ihm noch nicht offenbart worden.

Da rief der Herr den Samuel wieder, zum dritten Mal. Er stand auf und ging zu Eli und sagte: Hier bin ich, du hast mich gerufen. Da merkte Eli, dass der Herr den Knaben gerufen hatte. Eli sagte zu Samuel: Geh, leg dich schlafen! Wenn er dich (wieder) ruft, dann antworte: Rede, Herr; denn dein Diener hört. Samuel ging und legte sich an seinem Platz nieder. Da kam der Herr, trat (zu ihm) heran und rief wie die vorigen Male: Samuel, Samuel! Und Samuel antwortete: Rede, denn dein Diener hört.

Der Herr sagte zu Samuel: Fürwahr, ich werde in Israel etwas tun, sodass jedem, der davon hört, beide Ohren gellen. An jenem Tag werde ich an Eli vom Anfang bis zum Ende alles verwirklichen, was ich seinem Haus angedroht habe. Ich habe ihm angekündigt, dass ich über sein Haus für immer das Urteil gesprochen habe wegen seiner Schuld; denn er wusste, wie seine Söhne Gott lästern, und gebot ih-

nen nicht Einhalt. Darum habe ich dem Haus Eli geschworen: Die Schuld des Hauses Eli kann durch Opfer und durch Gaben in Ewigkeit nicht gesühnt werden.

Samuel blieb bis zum Morgen liegen, dann öffnete er die Türen zum Haus des Herrn. Er fürchtete sich aber, Eli von der Vision zu berichten. Da rief Eli Samuel und sagte: Samuel, mein Sohn! Er antwortete: Hier bin ich. Eli fragte: Was war es, das er zu dir gesagt hat? Verheimliche mir nichts! Gott möge dir dies und das antun, wenn du mir auch nur eines von all den Worten verheimlichst, die er zu dir gesprochen hat. Da teilte ihm Samuel alle Worte mit und verheimlichte ihm nichts. Darauf sagte Eli: Es ist der Herr. Er tue, was ihm gefällt. Samuel wuchs heran und der Herr war mit ihm und ließ keines von all seinen Worten unerfüllt. Ganz Israel von Dan bis Beerscheba erkannte, dass Samuel als Prophet des Herrn beglaubigt war. Auch weiterhin erschien der Herr in Schilo: Der Herr offenbarte sich Samuel in Schilo durch sein Wort."

(1 Samuel 3,1–21)

Reife und Würde können wir wohl oftmals gleichsetzen. Würdig, den Dienst für Gott zu verrichten, ist niemand – die Würde wird uns von ihm geschenkt. Er ruft uns genauso, wie wir sind. In unserem Alltag werden wir gerufen. Schaut doch auf die ersten Jünger – sie sind einfache Menschen, von Beruf Fischer. Simon Petrus – auch ein einfacher Mann –, er soll schließlich der erste Papst sein, ganz ohne Theologiestudium, ohne großartige Ausbildung. Was hat er getan? Er hat den Menschen das erzählt, was er mit Jesus erlebt hat: „Ich mache euch zu Menschenfischern!"

Menschenfischer zu sein bedeutet ganz einfach, sein Leben nach dem Evangelium auszurichten, egal, welchen Beruf man wählt. Es bedeutet zu versuchen, die Botschaft Christi durch und im eigenen Leben umzusetzen.

Die Zeit ist reif! Vielleicht auch für euch, vielleicht schon recht lange! Das müsst ihr selbst wissen, wenn ihr der Frage nachgeht. Jesus fordert Entscheidungen ein – ein einfach dahinplätscherndes Leben ist ihm zu wenig. *„Euer Ja sei ein Ja, und Euer Nein sei ein Nein!":* Für oder gegen ihn – dazwischen gibt es keine Möglichkeiten. Es gilt, entweder ganz oder gar nicht dabei zu sein!

Die Entscheidung scheint nicht leichtzufallen, denn da ein Erlebnisangebot mehr zu versprechen scheint als das andere, versucht man zunächst, das mit den meisten Möglichkeiten zu verwirklichen. Durch die ständig wachsende Zahl der Angebote muss sich der erlebnishungrige Mensch ständig auf dem Laufenden halten, was gerade „in" oder aktuell ist. So kommt der Mensch in seiner Art der Freizeitgestaltung in einen zunehmenden Erlebnisstress.

„Man könnte naiverweise vermuten, dass Menschen umso zufriedener sind, je mehr sie konsumieren können. Dies ist bereits rein empirisch ein gewaltiger Irrtum ... Dieser Irrtum ist auch erklärbar, denn wie jede Sucht, so ist auch die ganz normale Konsumsucht

durch den Zwang zur Dosissteigerung charakteri-
siert, also dadurch, dass das erwartete Glücksgefühl
regelmäßig ausbleibt. Dazu kommt: Je mehr Ange-
bote zur Auswahl stehen, desto größer ist diese Ge-
fahr der Selbsttäuschung. Der Gedanke, ein anderes
Fernsehprogramm, ein anderes Urlaubsziel, ein an-
derer Autotyp wäre vielleicht doch besser gewesen,
beeinträchtigt den Genuss von Anfang an. Zusätzlich
wird das Konsumglück noch dadurch beeinträchtigt,
dass in immer kürzeren Zeiten neue Modelle und
Moden auf den Markt geworfen werden. "[4]

Warum brauchen wir diese Dosissteigerung? Weil
wir uns nicht mehr die Zeit nehmen, in Ruhe auszu-
wählen. Vielleicht liegt es nicht nur daran, dass uns
vermeintlich dazu die Zeit mangelt. Ist es nicht vielmehr die Panik, wir könnten etwas versäumen?
Während ich dieses Buch lese, könnte ich beispielsweise mit einer Freundin auf Mallorca bräunen oder
mit einem Bekannten durch Norwegen wandern
oder einfach zu Hause Freunde treffen. Wenn wir immer nur auf das schauen, was uns gerade entgehen
könnte, dann kommen wir nie zu einer Entscheidung. Ich meine, dass gerade das ein großes Problem
unserer Zeit ist. Wir entscheiden nicht bewusst,
sondern wir lassen uns einfach treiben, sind – um es
euphemistisch auszudrücken – „en vogue", unterwegs mit dem „Mainstream". Wir überlassen anderen die Entscheidung über uns und unser Leben. Dadurch werden wir aber zu willenlosen Marionetten,
die sich vom Zeitgeist lenken lassen. Leben bedeutet: sich entscheiden. Dort, wo ich eine Entschei-

dung treffe, weiß ich, dass ich damit die anderen Möglichkeiten zu Unmöglichkeiten gemacht habe – davor haben viele Angst. Ihnen geht es wie dem Wunderknaben:

„Es war einmal ein Wunderknabe, der im zartesten Alter schon die Welt erkannte. Unter der Tür des Elternhauses wusste er über alles Bescheid, und von weither kamen die Menschen, um ihn sprechen zu hören und um seinen Rat zu holen. Er war auch ein glänzender Redner und ließ den schwierigsten Fragen die größten Worte angedeihen und manchmal auch die längsten. Man wusste nicht, woher er sie hatte, wie es bei Wunderknaben so ist. Sie lagen ihm einfach im Mund. Sein Ruf ging in die Welt hinaus, und bald wollte man überall von seinem Wissen profitieren.

So machte er sich auf die Wanderschaft und nahm sich vor, die ganze Welt, über die er gesprochen hatte, zu berühren. Doch kaum eine Stunde von zu Hause kam er an einen Kreuzweg, der ihn zwang, zwischen drei Möglichkeiten zu wählen, denn nicht einmal ein Wunderknabe kann zugleich in verschiedene Richtungen gehen. Er ging geradeaus weiter und musste dabei links ein Tal und rechts ein Tal ungesehen liegen lassen. Schon war seine Welt zusammengeschrumpft. Auch bei der nächsten Gabelung büßte er Möglichkeiten ein, und bei der dritten und bei der vierten. Jeder Weg, den er einschlug, jede Wahl, die er traf, trieb ihn in eine engere Spur. Und wenn er auf den Dorfplätzen sprach, *wurden die Sätze immer kürzer. Die Rede floss ihm nicht mehr wie einst, als er ins Freie getreten war. Sie war belastet von Unsicherheit über das unbegangene Land, das er schon endgültig hinter sich wusste.*

So ging er und wurde älter dabei, war schon längst kein Wunderkind mehr, hatte hundert Wege verpasst und tausend Möglichkeiten auslassen müssen. Er machte immer weniger Worte, und kaum jemand kam noch, ihn anzuhören. Da setzte er sich endlich auf einen Meilenstein und sprach nun nur noch zu sich selbst: ‚Ich habe immer nur verloren: an Boden, an Wissen, an Träumen. Ich bin mein Leben lang kleiner geworden. Jeder Schritt hat mich von etwas weggeführt. Ich wäre besser zu Hause geblieben, wo ich noch alles wusste und hatte, dann hätte ich nie entscheiden müssen, und alle Möglichkeiten wären noch da.'

Müde, wie er war, ging er dennoch den Weg zu Ende, den er einmal begonnen hatte, es blieb ja nur noch ein kurzes Stück. Abzweigungen gab es jetzt keine mehr, nur eine Richtung war noch übrig und von allem Wissen und Reden nur ein einziges Wort, für das der Atem noch reichte. Er sagte das Wort, das niemand hörte, und er schaute sich um und merkte erstaunt, dass er auf einem Gipfel stand. Der Boden, den er verloren hatte, lag in Terrassen unter ihm. Er überblickte die ganze Welt, auch die verpassten Täler, und es zeigte sich also, dass er im Kleiner- und Kürzerwerden ein Leben lang aufwärtsgegangen war."[5]

„*Ich wäre besser zu Hause geblieben, wo ich noch alles wusste und hatte ...*" – ich bin mir sicher, dass es den ersten Jüngern Jesu ähnlich ging. Zu Hause bei ihrem Vater, da war das Leben zwar übersichtlich, manchmal vielleicht sogar zu eng und bedrückend, aber sie wussten doch wenigstens, was sie daran hatten. „Besser den Spatz in der Hand als die Taube auf dem Dach." Nun aber waren sie mit Jesus unterwegs und mussten erleben, wie jener, der sie berufen hatte, verspottet und verhöhnt wurde. Und nicht nur er, sondern sie als seine Anhänger ebenso. Mögen es auch zu Hause ärmliche Verhältnisse gewesen sein, aber zumindest war doch dort die Zukunft gesichert. Lieber im Elternhaus bleiben als das Risiko einer unbekannten, ungesicherten Zukunft zu wagen.

Trotzdem – die Jünger verlassen die Netze ihres Vaters und folgen diesem Jesus, der sie zu Menschenfischern machen will. Sie begleiten ihn auf seinem Zug durch Galiläa. Ihm auf seinem Weg zu folgen, beinhaltet zugleich, sein Schicksal mit ihm zu teilen. Die Nachfolge Jesu bedeutet für sie, Familie, Arbeit und das vertraute Umfeld zu verlassen. Denn der Ruf Jesu ist kompromisslos radikal. Die Nachfolge dessen, der selbst keinen Platz hat, wo er sein Haupt hinlegen kann (Matthäus 8,20; Lukas 9,58), bringt Unsicherheit und bedeutet den „*radikalen Ethos der Heimat-, Familien-, Besitz- und Schutzlosigkeit*"[6]. Bemerkenswerterweise unterweist Jesus die Jünger nicht darüber, was sie auf ihren Weg mitnehmen sollen, sondern er sagt nur, was sie nicht mitnehmen sollen: *„keinen Stab, kein Brot, keinen Sack, kein Kupfergeld im Gürtel, keine Sandalen"* (Matthäus 10,10). In völliger Mittellosigkeit sollen sie losziehen. Losgelöst von allen Bindungen, sollen sie ihm in seine Existenzweise nachfolgen. Das Wandern ohne Brot und ohne Kupfergeld macht ihn und seine Jünger völlig arm.

Die ersten Jünger gehen Jesus ins Netz: *„Kommt her, folgt mir nach! Ich werde euch zu Menschenfischern machen."* Fischen – das ist bestimmt kein Beruf unserer Zeit, vor allem nicht in unseren Breitengraden. Und dennoch haben wir es oft mit Netzen zu tun: Tagtäglich sind wir im Internet unterwegs und so mit Menschen in der gesamten Welt vernetzt, befinden wir uns durch PC und Handy in verschiedensten „Networks".

Ist es möglich, dass wir uns von diesen Netzen wegrufen lassen? Wie fühlen wir uns, wenn wir einmal ein paar Tage ohne Internet, MSN und Handy sind? Viele gleichen dem Wunderknaben: Sie holen die Welt zu sich nach Hause in den PC, wissen alles von ihr. Sie wollen überall gleichzeitig sein, ohne sich jedoch entscheiden zu müssen; sie haben am PC synchron unterschiedliche Fenster geöffnet, um ja nichts zu versäumen. Aber den Aufbruch in die Nachfolge und damit die Entscheidung darüber, welchen Weg sie von allen möglichen gehen möchten, wagen sie nicht.

Gott will, dass wir ihm ins Netz gehen, indem wir Entscheidungen treffen und uns dadurch natürlich einschränken: Jede Entscheidung macht aus der

Möglichkeit eine Unmöglichkeit. *„Sogleich ließen sie ihre Netze liegen und folgten ihm."*

Er ist es doch, der das Beziehungsnetz unter uns ermöglicht. Er ist doch der „Provider", der uns „providentiell", das heißt vorausschauend, behütet. Anders gesagt: Dass unsere Beziehungen untereinander glücken und gelingen, dass Liebe entsteht, ist niemals unser Verdienst. Dass sich Liebe oder zumindest eine Freundschaft entwickelt, ist niemals machbar. Wir werden mit- und untereinander verknüpft durch ein unsichtbares Band. Der Kirchenvater Augustinus nennt es „vinculum amoris", das Band der Liebe, das der Heilige Geist ist. Er ermöglicht all unser Beziehungsleben.

Selbst gemachte Verknüpfungen fallen lassen, mich gar von Vernetzungen und Fesseln befreien, um offen zu sein für das, was Gott wirklich mit mir vorhat – ist das nicht das Gebot der Stunde?

Die Zeit ist reif – was sind meine Zukunftspläne und Perspektiven?

Kann ich mich auf den Ruf einlassen, der meine persönliche Nachfolge bedeutet?

Woran bin ich noch innerlich gebunden? Kann ich mich davon befreien?

Bin ich bereit, mich endlich zu entscheiden?

Ich will so bleiben, wie ich bin – darf ich?

„Ein andermal lehrte er wieder am Ufer des Sees und sehr viele Menschen versammelten sich um ihn. Er stieg deshalb in ein Boot auf dem See und setzte sich; die Leute aber standen am Ufer. Und er sprach lange zu ihnen und lehrte sie in Form von Gleichnissen.

Bei dieser Belehrung sagte er zu ihnen: Hört! Ein Sämann ging aufs Feld, um zu säen. Als er säte, fiel ein Teil der Körner auf den Weg und die Vögel kamen und fraßen sie. Ein anderer Teil fiel auf felsigen Boden, wo es nur wenig Erde gab, und ging sofort auf, weil das Erdreich nicht tief war; als aber die Sonne hochstieg, wurde die Saat versengt und verdorrte, weil sie keine Wurzeln hatte. Wieder ein anderer Teil fiel in die Dornen, und die Dornen wuchsen und erstickten die Saat und sie brachte keine Frucht. Ein anderer Teil schließlich fiel auf guten Boden und brachte Frucht; die Saat ging auf und wuchs empor und trug dreißigfach, ja sechzigfach und hundertfach. Und Jesus sprach: Wer Ohren hat zum Hören, der höre!

Als er mit seinen Begleitern und den Zwölf allein war, fragten sie ihn nach dem Sinn seiner Gleichnisse. Da sagte er zu ihnen: Euch ist das Geheimnis des Reiches Gottes anvertraut; denen aber, die draußen sind, wird alles in Gleichnissen gesagt; denn sehen sollen sie, sehen, aber nicht erkennen; hören sollen sie, hören, aber nicht verstehen, damit sie sich nicht bekehren und ihnen nicht vergeben wird. Und er sagte zu ihnen: Wenn ihr schon dieses Gleichnis nicht versteht, wie wollt ihr dann all die anderen Gleichnisse verstehen? Der Sämann sät das Wort. Auf den Weg fällt das Wort bei denen, die es zwar hören, aber sofort kommt der Satan und nimmt das Wort weg, das in sie gesät wurde. Ähnlich ist es bei den Menschen, bei denen das Wort auf felsigen Boden fällt: Sobald sie es hören, nehmen sie es freudig auf; aber sie haben keine Wurzeln, sondern sind unbeständig, und wenn sie dann um des Wortes willen bedrängt oder verfolgt werden, kommen sie sofort zu Fall. Bei anderen fällt das Wort in die Dornen: Sie hören es zwar, aber die Sorgen der Welt, der trügerische Reichtum und die Gier nach all den anderen Dingen machen sich breit und ersticken es und es bringt keine Frucht. Auf guten Boden ist das Wort bei denen gesät, die es hören und aufnehmen und Frucht bringen, dreißigfach, ja sechzigfach und hundertfach."

(Markus 4,1–20)

Der Boden, von dem hier die Rede ist, das sind wir. Der Same, der in diesen Boden fällt, ist das Wort Gottes. Wie kommt dieses Wort bei uns an? Welche Bedeutung hat das Wort für unser Leben? Natürlich bezeichnen wir uns als Christen, aber hat die Botschaft Jesu für uns tatsächlich eine weiter reichende Bedeutung? Ich möchte ein wenig „Tiefenschürfung" versuchen: betrachten, auf welchen Boden die christliche Botschaft bei uns fällt.

Es stellt sich die Frage, ob unser Äußeres mit dem Inneren zusammenpasst. Sind wir so, wie wir äußerlich erscheinen?

Wenn wir auf Jesus blicken, so erkennen wir in all seinem Tun und Handeln, dass er tatsächlich genauso ist, wie er erscheint. Im Titusbrief heißt es: *„Die Gnade Gottes ist erschienen, um alle Menschen zu retten"* (Titus 2,11). Dieser Schein ist Sein! Direkt nach Weihnachten feiern wir das Fest der Erscheinung des Herrn, „Epiphanias" (von griechisch „phanein" – „erscheinen"). Was dort erscheint, ist tatsächlich die fleischgewordene Gnade Gottes, Jesus Christus selbst. Er erscheint, wie er ist, und er ist, wie er erscheint. Da steht ein Mann mit seiner gesamten Existenz für das, was ihn innerlich bewegt und umtreibt.

Wir Menschen dagegen tragen häufig Masken, geben uns oftmals anders, als wir sind. In einem gewissen Maß gehört die Maskerade zu unserem Leben. Wo kämen wir hin, wenn wir alle inneren Regungen immer nach außen tragen würden? Manchmal müssen wir innerlich über unseren Schatten springen, um nicht das zu zeigen, was wir gerade empfinden. Es gibt Situationen in der Schule, am Ausbildungsplatz, aber auch in der Familie, in denen es sinnvoller ist, nicht mitzuteilen, was man gerade denkt und fühlt. Wenn ich mich etwa vom Lehrer drangsaliert oder ungerecht behandelt fühle und ihn am liebsten auf den Mond schießen würde, so ist es meist für mich selbst besser, ihm das nicht zu deutlich zu verstehen zu geben.

Masken sind also in bestimmten Situationen auch wichtig, um uns selbst zu schützen. Es ist die Frage nach Aufrichtigkeit und nach dem Maß, die bleibt. Wenn mich etwas stört, so sollte ich das auch zu erkennen geben, allerdings möglichst mit den richtigen Worten und einer guten Gewichtung.

Wie sieht es also in uns aus? Im Bewusstsein aller Menschen gibt es vier „Felder", um deren Existenz wir wissen sollten.

1. Feld: Bereich der hundertprozentigen Kongruenz: So, wie ich auf andere wirke und wie ich tatsächlich bin, ist identisch.	2. Feld: Bereich der Anonymität: Das, was ich allein von mir weiß, anderen aber nicht zu erkennen gebe.
3. Feld: Unbewusster Bereich: Das, wie mich andere wahrnehmen, was ich aber selbst nicht von mir kenne.	4. Feld: Unbekannter Bereich: Das, was in mir ist, was aber die anderen nicht wissen und selbst ich nicht weiß.

Betrachtet einmal diese vier Felder, schaut, wie ihr sie ausfüllt durch euer eigenes Leben!

Das Feld der hundertprozentigen Kongruenz auszufüllen, dürfte nicht zu schwerfallen. Das sind jene Bereiche, in denen wir keine Masken tragen. Meist sind es unsere Stärken und Talente, die in diesem Feld bestimmend sind. Vielleicht findet sich hier aber auch die eine oder andere schwache Seite, um die ich selbst weiß und ebenso die Menschen, die mich kennen. Eine Schwäche, um die ich kein großes Geheimnis mache.

Auch das zweite Feld, jenes der Anonymität, werden wir in der persönlichen Betrachtung des eigenen Lebens schnell ausfüllen können. Meist befinden sich dort die dunklen Flecken in unserer Biografie, die wir am liebsten und mit viel Energie vor den anderen verbergen. Es ist der Bereich, von dem wir sagen können, dass hier mehr Schein als Sein vorherrscht.

Schwieriger wird es im dritten Feld. Gemeint sind hier jene Eigenschaften, die mir selbst gar nicht so sehr bewusst sind, anderen aber mehr oder minder deutlich auffallen. Ein Beispiel: Manche Situationen verunsichern mich. Natürlich versuche ich dann, diese Unsicherheit zu überspielen – wer gibt schon gern seine Schwächen zu? Dieses Überspielen kann aber auf die anderen arrogant oder hochnäsig wirken. Oft ist man dann ziemlich überrascht, wenn man irgendwann von anderen gespiegelt bekommt, wie man in solchen Augenblicken auf sie wirkt.

Und schließlich das vierte Feld – wohl jener unbewusste Bereich, der am tiefsten in uns schlummert. Vielleicht kennt ihr das: Der Terminkalender ist voll, ständig bekommt man Kritik zu hören, zugleich nehmen die Anforderungen und Erwartungen an die eigene Person zu. Der Stress, unter dem man steht, wird immer größer. Dann kommt jemand und hat an einer eigentlich belanglosen Sache wiederum etwas zu kritisieren, vielleicht fragt er auch nur kritisch nach. Das ist dann der sprichwörtliche Tropfen, der das Fass zum Überlaufen bringt. Plötzlich reagiert man so, wie man es von sich selbst gar nicht kennt und was man sich vielleicht auch nicht zugetraut hätte: Man schlägt mit der Faust auf den Tisch und fängt an zu schreien. Und kurz danach entschuldigt man sich für diese Reaktion und kann gar nicht mehr nachvollziehen, wie es dazu überhaupt kommen konnte. Das hat es doch vorher niemals gegeben! So kenne ich mich gar nicht, und die anderen erst recht nicht, mag man da denken.

Diesen vierten, sehr im Dunkeln und tief in uns liegenden Bereich zu erforschen, seine eigenen „Reizthemen" besser kennenzulernen, das ist eine Aufgabe für das ganze Leben. Zugleich ist es sinnvoll, etwas in diesen Bereich der scheinbaren Unberechenbarkeit vorzudringen.

Gerade in jene dunklen Bereiche will das Wort Gottes vordringen. Das kann es aber nur, wenn wir bereit sind, auch unsere dunklen Seiten und Schwächen anzunehmen und an ihnen zu arbeiten.

„Ich muss mich ja rühmen; zwar nützt es nichts, trotzdem will ich jetzt von Erscheinungen und Offenbarungen sprechen, die mir der Herr geschenkt hat. Ich kenne jemand, einen Diener Christi, der vor vierzehn Jahren bis in den dritten Himmel entrückt wurde; ich weiß allerdings nicht, ob es mit dem Leib oder ohne den Leib geschah, nur Gott weiß es. Und ich weiß, dass dieser Mensch in das Paradies entrückt wurde; ob es mit dem Leib oder

ohne den Leib geschah, weiß ich nicht, nur Gott weiß es. Er hörte unsagbare Worte, die ein Mensch nicht aussprechen kann. Diesen Mann will ich rühmen; was mich selbst angeht, will ich mich nicht rühmen, höchstens meiner Schwachheit. Wenn ich mich dennoch rühmen wollte, wäre ich zwar kein Narr, sondern würde die Wahrheit sagen. Aber ich verzichte darauf; denn jeder soll mich nur nach dem beurteilen, was er an mir sieht oder aus meinem Mund hört. Damit ich mich wegen der einzigartigen Offenbarungen nicht überhebe, wurde mir ein Stachel ins Fleisch gestoßen: ein Bote Satans, der mich mit Fäusten schlagen soll, damit ich mich nicht überhebe. Dreimal habe ich den Herrn angefleht, dass dieser Bote Satans von mir ablasse. Er aber antwortete mir: Meine Gnade genügt dir; denn sie erweist ihre Kraft in der Schwachheit. Viel lieber also will ich mich meiner Schwachheit rühmen, damit die Kraft Christi auf mich herabkommt. Deswegen bejahe ich meine Ohnmacht, alle Misshandlungen und Nöte, Verfolgungen und Ängste, die ich für Christus ertrage; denn wenn ich schwach bin, dann bin ich stark."

(2 Korinther 12,1–10)

Wo ich schwach bin, bin ich stark! Es klingt natürlich paradox, aber es ist in sich logisch. Ich kann nur Hilfe erfahren, wenn ich zuvor bereit bin, die Schwäche anzunehmen und sie mir einzugestehen. Wir dürfen uns Jesus als einen Arzt vorstellen, der uns an unseren Schwachstellen behandelt. Unsere Stärke liegt darin, dass er uns heil macht: *„Meine Gnade genügt dir, denn sie erweist ihre Kraft in der Schwachheit."*

„Ich will so bleiben, wie ich bin – du darfst!" Es geht tatsächlich um die demütige Annahme seiner selbst. Machen wir uns bei dieser Bertachtung nichts vor – schauen wir realistisch auf uns, auf das, was wir tatsächlich können, und auf das, was unsere Schwäche ist. Vielleicht hilft uns dabei der Esel, der Erwähnung beim Einzug Jesu in Jerusalem findet:

„Nach dieser Rede zog Jesus weiter und ging nach Jerusalem hinauf. Als er in die Nähe von Betfage und Betanien kam, an den Berg, der Ölberg heißt, schickte er zwei seiner Jünger voraus und sagte: Geht in das Dorf, das vor uns liegt! Wenn ihr hineinkommt, werdet ihr dort einen jungen Esel angebunden finden, auf dem noch nie ein Mensch gesessen hat. Bindet ihn los und bringt ihn her! Und wenn euch jemand fragt: Warum bindet ihr ihn los?, dann antwortet: Der Herr braucht ihn. Die beiden machten sich auf den Weg und fanden alles so, wie er es ihnen gesagt hatte. Als sie den jungen Esel losbanden, sagten die Leute, denen er gehörte: Warum bindet ihr den Esel los? Sie antworteten: Der Herr braucht ihn. Dann führten sie ihn zu Jesus, legten ihre Kleider auf das Tier und halfen Jesus hinauf.

(Lukas 19,28–35)

Der Esel ist angebunden – das mag für unsere eigenen Bindungen und Verkettungen stehen. Der Esel kann noch in einer anderen Weise für uns ein Bild sein: Er geht nicht allzu schnell, in der Regel mit gesenktem Kopf, schaut auf den Boden. Er ist nahe am „Humus", an der Erde, ist erdverbunden. Diese Verbundenheit bewirkt „Humilitas" – Demut. Ich kann nicht hoch hinauswachsen, wenn ich nicht bereit bin, die eigenen Wurzeln und damit auch die Dunkelheit zu akzeptieren.

Demütige Annahme der Schwäche, das kann zum Beispiel heißen: Wenn ich von Natur aus nicht hochbegabt bin, dann brauche ich mir keine Illusionen zu machen, ein „Einser-Abi" abzulegen. Ich muss mit dem haushalten, was mir von Natur aus gegeben ist, es also annehmen und damit umgehen. Vieles, was zunächst als Schwäche erscheint, entpuppt sich im Nachhinein als Stärke. So kann es sein, dass jemand uns langweilig und langatmig zu sein scheint. Aber gerade der lange Atem macht ihn vielleicht zu einem guten Zuhörer, zu jemandem, der seine Handlungen zuvor genau überlegt und daher am Ende schneller ans Ziel kommt als ein anderer, der immer spontan entscheidet. Betrachten wir unsere Talente:

„Es ist wie mit einem Mann, der auf Reisen ging: Er rief seine Diener und vertraute ihnen sein Vermögen an. Dem einen gab er fünf Talente Silbergeld, einem anderen zwei, wieder einem anderen eines, jedem nach seinen Fähigkeiten. Dann reiste er ab. Sofort begann der Diener, der fünf Talente erhalten hatte, mit ihnen zu wirtschaften, und er gewann noch fünf dazu. Ebenso gewann der, der zwei erhalten hatte,

noch zwei dazu. Der aber, der das eine Talent erhalten hatte, ging und grub ein Loch in die Erde und versteckte das Geld seines Herrn.

Nach langer Zeit kehrte der Herr zurück, um von den Dienern Rechenschaft zu verlangen. Da kam der, der die fünf Talente erhalten hatte, brachte fünf weitere und sagte: Herr, fünf Talente hast du mir gegeben; sieh her, ich habe noch fünf dazugewonnen. Sein Herr sagte zu ihm: Sehr gut, du bist ein tüchtiger und treuer Diener. Du bist im Kleinen ein treuer Verwalter gewesen, ich will dir eine große Aufgabe übertragen. Komm, nimm teil an der Freude deines Herrn!

Dann kam der Diener, der zwei Talente erhalten hatte, und sagte: Herr, du hast mir zwei Talente gegeben; sieh her, ich habe noch zwei dazugewonnen. Sein Herr sagte zu ihm: Sehr gut, du bist ein tüchtiger und treuer Diener. Du bist im Kleinen ein treuer Verwalter gewesen, ich will dir eine große Aufgabe übertragen. Komm, nimm teil an der Freude deines Herrn!

Zuletzt kam auch der Diener, der das eine Talent erhalten hatte, und sagte: Herr, ich wusste, dass du ein strenger Mann bist; du erntest, wo du nicht gesät hast, und sammelst, wo du nicht ausgestreut hast; weil ich Angst hatte, habe ich dein Geld in der Erde versteckt. Hier hast du es wieder. Sein Herr antwortete ihm: Du bist ein schlechter und fauler Diener! Du hast doch gewusst, dass ich ernte, wo ich nicht gesät habe, und sammle, wo ich nicht ausgestreut habe. Hättest du mein Geld wenigstens auf *die Bank gebracht, dann hätte ich es bei meiner Rückkehr mit Zinsen zurückerhalten. Darum nehmt ihm das Talent weg und gebt es dem, der die zehn Talente hat! Denn wer hat, dem wird gegeben, und er wird im Überfluss haben; wer aber nicht hat, dem wird auch noch weggenommen, was er hat. Werft den nichtsnutzigen Diener hinaus in die äußerste Finsternis! Dort wird er heulen und mit den Zähnen knirschen."*

(Matthäus 25,14–30)

Es geht nicht primär darum, mit wie vielen Talenten man von Natur aus ausgestattet ist, sondern um die Frage, was man aus dem gemacht hat, was einem gegeben ist. Oft schauen wir bewundernd auf Fußballstars, auf Sängerinnen, auf Menschen aus dem Showbusiness und vergessen dabei, jene Talente zu entwickeln, die uns geschenkt wurden. Es geht im Letzten um die bedingungslose Selbstannahme. Franz von Sales drückt es wunderbar und einfach aus: *„So sehr verlangen wir manchmal, Engel zu werden, dass wir vergessen, gute Menschen zu sein."* Es gilt also, nicht ständig auf das zu schielen, was anderen gelingt, sondern das eigene Leben mit allen Fragmenten und Brüchen anzunehmen und etwas daraus zu machen.

Sehnsucht

Nicht an Sprüchen gemessen werden;
keine Show abziehen müssen.
Den Schild absetzen dürfen,
ohne verwundet zu werden.
Keine Entschuldigung nötig haben;
nichts erklären, nichts beweisen müssen.
Verstanden, angenommen sein,
wie man ist, wortlos.
(Detlev Block) [7]

Wir dürfen das nicht vergessen, was uns Paulus zuruft: *„Wisst ihr nicht, dass ihr Gottes Tempel seid und der Geist Gottes in euch wohnt?"* (1 Korinther 3,16). Unsere Berufung besteht darin, durch unser Leben diesen göttlichen Geist sichtbar und erkennbar zu machen. Ich möchte mit einem Gedicht enden, das Dietrich Bonhoeffer kurz vor seiner Hinrichtung in der Gefängniszelle verfasste:

Wer bin ich?
Sie sagen mir oft,
ich träte aus meiner Zelle
gelassen und heiter und fest
wie ein Gutsherr aus seinem Schloss.

Wer bin ich? Sie sagen mir oft,
ich spräche mit meinen Bewachern
frei und freundlich und klar,
als hätte ich zu gebieten.

Wer bin ich? Sie sagen mir auch,
ich trüge die Tage des Unglücks
gleichmütig, lächelnd und stolz,
wie einer, der Siegen gewohnt ist.

Bin ich das wirklich, was andere von mir sagen?
Oder bin ich nur das, was ich selbst von mir weiß?
Unruhig, sehnsüchtig, krank,
wie ein Vogel im Käfig,
ringend nach Lebensatem,
als würgte mir einer die Kehle,
hungernd nach Farben, nach Blumen,
nach Vogelstimmen,
dürstend nach guten Worten,
nach menschlicher Nähe,
zitternd vor Zorn über Willkür
und kleinlichste Kränkung,
umgetrieben vom Warten auf große Dinge,
ohnmächtig bangend um Freunde in endloser Ferne,
müde und leer zum Beten, zum Denken,
zum Schaffen,
matt und bereit, von allem Abschied zu nehmen?

Wer bin ich? Der oder jener?
Bin ich denn heute dieser und morgen ein andrer?
Bin ich beides zugleich?
Vor Menschen ein Heuchler
und vor mir selbst ein verächtlich
wehleidiger Schwächling?
Oder gleicht, was in mir noch ist,
dem geschlagenen Heer,

das in Unordnung weicht vor schon
gewonnenem Sieg?
Wer bin ich? Einsames Fragen treibt mit mir Spott.
Wer ich auch bin, Du kennst mich,
Dein bin ich, o Gott![8]

Christsein – dynamisch, praktisch … verliebt

Vom Haus auf dem Felsen

„Ich will euch zeigen, wem ein Mensch gleicht, der zu mir kommt und meine Worte hört und danach handelt. Er ist wie ein Mann, der ein Haus baute und dabei die Erde tief aushob und das Fundament auf einen Felsen stellte. Als nun ein Hochwasser kam und die Flutwelle gegen das Haus prallte, konnte sie es nicht erschüttern, weil es gut gebaut war. Wer aber hört und nicht danach handelt, ist wie ein Mann, der sein Haus ohne Fundament auf die Erde baute. Die Flutwelle prallte dagegen, das Haus stürzte sofort in sich zusammen und wurde völlig zerstört."

(Lukas 6,47–49)

Unser Lebenshaus ist der Tempel Gottes, so lesen wir es in der Bibel. Von entscheidender Bedeutung dabei ist jedoch das Fundament, der heilige Boden, auf dem alles gründet. Es ist wieder einmal Paulus, der uns zuruft: *„Aber jeder soll darauf achten, wie er (darauf) weiterbaut. Denn einen anderen Grund kann niemand legen als den, der gelegt ist: Jesus Christus. Ob aber jemand auf dem Grund mit Gold, Silber, kostbaren Steinen, mit Holz, Heu oder Stroh weiterbaut: das Werk eines jeden wird offenbar werden; jener Tag wird es sichtbar machen, weil es im Feuer offenbart wird. Das Feuer wird prüfen, was das Werk eines jeden taugt"* (1 Korinther 3,10b–13).

48

Das Feuer ist in der Bibel ein oft gebrauchtes Bild, erinnern wir uns nur an Exodus 3,2: *„Dort erschien ihm der Engel des Herrn in einer Flamme, die aus einem Dornbusch emporschlug. Er schaute hin: Da brannte der Dornbusch und verbrannte doch nicht."*

In früheren Zeiten gab es zur Papstinthronisation folgenden Ritus: Während des Einzugs in den Petersdom zeigte der Zeremoniar dem neuen Papst eine Pfauenfeder, in ihrer Form und Farbenpracht Sinnbild des Schönsten, was die Schöpfung hervorbringt. Dann aber wurde diese Feder vor den Augen aller verbrannt, während der Zeremoniar ausrief: „Sic transit gloria mundi!" – „So vergeht die Schönheit der Welt."

Was besteht also die Feuerprobe und was nicht?

Was bleibt? Der brennende Dornbusch steht für die Liebe Gottes. Sie ist der heilige Boden, auf dem unsere gesamte Existenz steht. Unser Leben ist allein auf Gottes unermessliche Liebe ausgerichtet und gegründet. Zugleich ist die Liebe die einfachste Definition Gottes: „Deus caritas est!" – *„Gott ist die Liebe, und wer in der Liebe bleibt, bleibt in Gott und Gott bleibt in ihm"* (1 Johannes 4,16b). Diese Liebe Gottes erscheint – wie bereits gesagt – in Jesus Christus: Schein und Sein sind in ihm völlig identisch. Seine Liebe ist kein einfaches, nettes Bauchgefühl; es sind nicht die berühmten „Schmetterlinge", die sich dort mit einem Mal breitmachen. Gottes Liebe besagt: „Ich mag dich leiden!"

Jesus nimmt die Leidenschaft so ernst, dass er schließlich dafür in den Tod geht. *„Der Tod kommt*

auf Jesus zu aufgrund seines konsequent durchge-
haltenen Engagements. Er wird von Jesus bewusst
riskiert und, wenn auch keineswegs ohne Zurück-
schrecken, Angst und Tränen, angenommen. Seine
Botschaft ist ihm so wichtig, dass er für sie sterben,
in ihr aufgehen kann!"[9] In der äußersten Solidarisie-
rung mit der todverfallenen, gottfernen Menschheit,
in der bedingungslosen Liebe scheint Jesus auch von
dem Bewusstsein eigener Gottesferne und -verlas-
senheit nicht verschont geblieben zu sein. So ruft er
aus ganzem Herzen am Kreuz: „Mein Gott, mein
Gott, warum hast du mich verlassen?" Aus radika-
ler, kompromissloser Liebe zu uns Menschen stirbt
er tatsächlich am Kreuz. *„Jesus ist an seiner Liebe*
zu uns gestorben. Dieses Sterben lag in der Konse-
quenz der Liebe; aber nicht, weil der Tod an sich
wertvoll oder gar gottgewollt wäre, sondern weil
Liebe als Pro-Existenz [„Dasein für jemanden", Chr.
May] *wesentlich Einsatz der eigenen Person, Hin-*
gabe bis zum Äußersten besagt; weil Liebe als Mit-
Sein verwundbar macht, identifiziert mit dem Leid,
dem Versagen und dem Tod anderer; weil in dieser
faktisch so unerlösten, wenig zur Liebe fähigen Welt
solche Hingabe nicht einfach und harmonisch als
beglückendes Sich-Verströmen gelingt, weil viel-
mehr Liebende in die Verkrampfungen, Leiden und
Feindschaften der von ihnen geliebten Menschen
hineingezogen werden – mit dem Risiko, darin auf-
gerieben zu werden."[10]
Die Liebe bedarf des Kreuzes nicht, in der Realität
aber kommt sie ans Kreuz. Jede Beziehung zu einem

anderen Menschen macht uns verwundbar, und je größer die Liebe, desto verwundbarer der Liebende. *„Nicht in der Kreuzesgemeinschaft wurzelt die Liebesgemeinschaft, sondern in der Liebesgemeinschaft die Kreuzesgemeinschaft."* [11]
Aber sind wir bereit, uns von dieser Liebe antreiben zu lassen? Welche Rolle spielt denn die Liebe Jesu für mich und in meinem Leben?

Die Heilung von zwei Blinden bei Jericho

„Als sie Jericho verließen, folgte ihm eine große Zahl von Menschen. An der Straße aber saßen zwei Blinde, und als sie hörten, dass Jesus vorbeikam, riefen sie laut: Herr, Sohn Davids, hab Erbarmen mit uns! Die Leute aber wurden ärgerlich und befahlen ihnen zu schweigen. Sie aber schrien noch lauter: Herr, Sohn Davids, hab Erbarmen mit uns! Jesus blieb stehen, rief sie zu sich und sagte: Was soll ich euch tun? Sie antworteten: Herr, wir möchten, dass unsere Augen geöffnet werden. Da hatte Jesus Mitleid mit ihnen und berührte ihre Augen. Im gleichen Augenblick konnten sie wieder sehen, und sie folgten ihm."

(Matthäus 20,29–34)

In dieser Heilungsgeschichte begegnet uns ein Dreischritt, der für unser eigenes Leben von großer Bedeutung ist. Der erste Schritt besteht darin, seine Schwäche einzugestehen. Obwohl Jesus genau sieht, was den beiden Männern fehlt, fragt er sie zunächst: Was soll ich euch tun? Diese Frage Jesu sollen und dürfen auch wir uns gefallen lassen: Was soll ich dir tun? Was fehlt dir eigentlich? Wenn ihr euch zurückerinnert, fallen euch gewiss Momente im eigenen Leben ein, in denen es euch im Wortsinn „erbärmlich" ging, wenn ihr zum Beispiel einige Dinge mit euch herumgetragen habt, die ihr nicht aus eigener Kraft in Ordnung bringen konntet. Wir bedürfen des Erbarmens. Zuvor ist es allerdings wichtig, klar zu benennen, was uns denn genau fehlt: Was soll ich dir tun?

Ich möchte von dir geheilt werden! Aber von was denn genau? Hier liegt es an jedem selbst, die eigenen blinden Flecken zu benennen. Ein Beispiel: Ich merke, dass ich immer wieder darauf hereinfalle und direkt mit dabei bin, wenn schlecht über andere gesprochen wird. „Herr, Sohn Davids, hab Erbarmen mit mir!" – Bedenkt eure Blindheiten! Manchmal sind wir auch blind vor Eifer, vor Hass, Zorn, Eifersucht, Neid, Missgunst oder vor Süchten. Sammelt all das und tragt es vor den Herrn; antwortet auf seine Frage: Was soll ich dir tun?

Der erste Schritt besteht somit im Anerkennen der eigenen Schwäche und Erbarmenswürdigkeit. Diese gilt es mit „Nachdruck" vor den Herrn zu bringen:

„Dann sagte er zu ihnen: Wenn einer von euch einen Freund hat und um Mitternacht zu ihm geht und sagt: Freund, leih mir drei Brote; denn einer meiner Freunde, der auf Reisen ist, ist zu mir gekommen, und ich habe ihm nichts anzubieten!, wird dann etwa der Mann drinnen antworten: Lass

mich in Ruhe, die Tür ist schon verschlossen und meine Kinder schlafen bei mir; ich kann nicht aufstehen und dir etwas geben? Ich sage euch: Wenn er schon nicht deswegen aufsteht und ihm seine Bitte erfüllt, weil er sein Freund ist, so wird er doch wegen seiner Zudringlichkeit aufstehen und ihm geben, was er braucht. Darum sage ich euch: Bittet, dann wird euch gegeben; sucht, dann werdet ihr finden; klopft an, dann wird euch geöffnet. Denn wer bittet, der empfängt; wer sucht, der findet; und wer anklopft, dem wird geöffnet. Oder ist unter euch ein Vater, der seinem Sohn eine Schlange gibt, wenn er um einen Fisch bittet, oder einen Skorpion, wenn er um ein Ei bittet? Wenn nun schon ihr, die ihr böse seid, euren Kindern gebt, was gut ist, wie viel mehr wird der Vater im Himmel den Heiligen Geist denen geben, die ihn bitten."

(Lukas 11,5–13)

Wir dürfen sein wie kleine Kinder, die ihre Eltern so lange bitten, bis schließlich ihre Herzen erweicht sind und sie auf unsere Wünsche eingehen. Gott ist ein solcher Vater, er lässt sich von unseren Bitten erweichen. Allerdings müssen wir tatsächlich beharrlich und mit Ausdauer fragen und bitten.

Den zweiten Schritt bekommen wir gleichsam „automatisch" dazugeschenkt: *„Da hatte Jesus Mitleid mit ihnen und berührte ihre Augen."* Dazu brauchen wir nichts zu tun – wir dürfen uns die Berührung durch Jesus gefallen lassen. Merken wir es eigentlich, wie er uns berührt? Merken wir, wie er auf un-

ser Bitten reagiert? Geht einmal diesen Berührungs-
punkten in eurem eigenen Leben nach, überlegt, wie
oft er euch schon geheilt hat!

Und schließlich der dritte Schritt: Das ist eine ganz
praktische Sache. *„Im gleichen Augenblick konnten
sie wieder sehen, und sie folgten ihm."* Darin steckt
die Dynamik der Nachfolge Christi. Wer von Jesus
geheilt ist, wer von ihm berührt und angerührt ist,
der kann gar nicht mehr anders, als ihm zu folgen.

Gehen wir ganz konkret der Frage nach, wozu wir
berufen sind: Was ist unsere Sehnsucht? Was rührt
uns an?

Die Geheilten sind von Jesus so begeistert, so erfüllt
von seiner Zuneigung, dass sie immer mit ihm gehen wollen. Bei Hochzeiten wählen sich Brautpaare
oftmals als Trauspruch folgenden Vers aus dem Buch
Rut: *„Wohin du gehst, dahin gehe auch ich. Und wo
du bleibst, da bleibe auch ich"* (Rut 1,16). Wohin
treibt uns unsere Sehnsucht, mit wem wollen wir
gehen? Und für wen gehen wir? Wie weit?

„Die zwei gehen jetzt zusammen!", so ähnlich hört
man es immer mal wieder, wenn zwei Menschen zueinander gefunden haben. „Zusammen gehen" – wie
weit? Bis zu diesem Punkt und kein Schritt weiter?
Liebe kennt keine Grenzen, sie geht durch dick und
dünn.

Auf Jesus Christus sind wir getauft, ihn empfangen
wir in jeder heiligen Messe als „Proviant" für unseren Weg. Er begleitet uns, er geht mit uns – unsichtbar, nicht immer klar erkennbar. Das kennen wir
doch von den Emmausjüngern:

Die Begegnung mit dem Auferstandenen
auf dem Weg nach Emmaus

„Am gleichen Tag waren zwei von den Jüngern auf dem Weg in ein Dorf namens Emmaus, das sechzig Stadien von Jerusalem entfernt ist. Sie sprachen miteinander über all das, was sich ereignet hatte.

Während sie redeten und ihre Gedanken austauschten, kam Jesus hinzu und ging mit ihnen. Doch sie waren wie mit Blindheit geschlagen, sodass sie ihn nicht erkannten. Er fragte sie: Was sind das für Dinge, über die ihr auf eurem Weg miteinander redet? Da blieben sie traurig stehen, und der eine von ihnen – er hieß Kleopas – antwortete ihm: Bist du so fremd in Jerusalem, dass du als Einziger nicht weißt, was in diesen Tagen dort geschehen ist?

Er fragte sie: Was denn? Sie antworteten ihm: Das mit Jesus aus Nazaret. Er war ein Prophet, mächtig in Wort und Tat vor Gott und dem ganzen Volk. Doch unsere Hohepriester und Führer haben ihn zum Tod verurteilen und ans Kreuz schlagen lassen. Wir aber hatten gehofft, dass er der sei, der Israel erlösen werde. Und dazu ist heute schon der dritte Tag, seitdem das alles geschehen ist. Aber nicht nur das: Auch einige Frauen aus unserem Kreis haben uns in große Aufregung versetzt. Sie waren in der Frühe beim Grab, fanden aber seinen Leichnam nicht. Als sie zurückkamen, erzählten sie, es seien ihnen Engel erschienen und hätten gesagt, er lebe.

Einige von uns gingen dann zum Grab und fanden alles so, wie die Frauen gesagt hatten; ihn selbst aber sahen sie nicht.

Da sagte er zu ihnen: Begreift ihr denn nicht? Wie schwer fällt es euch, alles zu glauben, was die Propheten gesagt haben. Musste nicht der Messias all das erleiden, um so in seine Herrlichkeit zu gelangen? Und er legte ihnen dar, ausgehend von Mose und allen Propheten, was in der gesamten Schrift über ihn geschrieben steht.

So erreichten sie das Dorf, zu dem sie unterwegs waren. Jesus tat, als wolle er weitergehen, aber sie drängten ihn und sagten: Bleib doch bei uns; denn es wird bald Abend, der Tag hat sich schon geneigt. Da ging er mit hinein, um bei ihnen zu bleiben. Und als er mit ihnen bei Tisch war, nahm er das Brot, sprach den Lobpreis, brach das Brot und gab es ihnen. Da gingen ihnen die Augen auf und sie erkannten ihn; dann sahen sie ihn nicht mehr.

Und sie sagten zueinander: Brannte uns nicht das Herz in der Brust, als er unterwegs mit uns redete und uns den Sinn der Schrift erschloss?

Noch in derselben Stunde brachen sie auf und kehrten nach Jerusalem zurück, und sie fanden die Elf und die anderen Jünger versammelt. Diese sagten: Der Herr ist wirklich auferstanden und ist dem Simon erschienen. Da erzählten auch sie, was sie unterwegs erlebt und wie sie ihn erkannt hatten, als er das Brot brach."

(Lukas 24,13–35)

Jesus, der Auferstandene, geht meilenweit leibhaftig neben den beiden Jüngern her, aber sie erkennen ihn nicht. Sie sind so sehr mit ihrem Schmerz und ihrer Trauer beschäftigt, dass sie gar nicht mehr in der Lage sind, etwas anderes wahrzunehmen. Erst in dem Moment, als Jesus das Brot bricht, gehen ihnen die Augen auf. Im Nachhinein fragen sie sich selbst: *„Brannte uns nicht das Herz?"* – das Herz brennt vor Liebe, zugleich wird alles verbrannt, was nebensächlich ist.

Sie erkennen ihn beim Brechen des Brotes! Thomas erkennt ihn in dem Moment, als er seine Finger in die Wundmale Jesu legt. Wir bezeichnen Jesus als die menschgewordenen Liebe Gottes. Und das ist eben keine Liebe, die vor den Schmerzen, vor den Brüchen (das Brechen des Brotes steht dafür als Symbol!) und vor dem Kreuz haltmacht. Die Feuerprobe der Liebe besteht darin, durch das Leiden hindurchzugehen, um in Zeiten von Schmerz und Trauer ganz beim anderen zu sein.

Das brennende Herz kennt ihr gewiss auch. Es brennt dann, wenn man verliebt ist. Für den geliebten Partner läuft man bis ans Ende der Welt.

Christsein: dynamisch, praktisch … verliebt.

Lasst euch aufs Neue von Christus ergreifen, spürt und erfahrt seine Nähe, damit ihr ihm verliebt nachfolgen könnt.

Alles beginnt mit der Sehnsucht,
immer ist im Herzen Raum für mehr,
für Schöneres, für Größeres.

Das ist des Menschen Größe und Not:
Sehnsucht nach Stille,
nach Freundschaft und Liebe.
Und wo Sehnsucht sich erfüllt,
dort bricht sie noch stärker auf.

Fing nicht auch Deine Menschwerdung, Gott,
mit dieser Sehnsucht nach dem Menschen an?

So lass nun unsere Sehnsucht damit anfangen,
Dich zu suchen,
und lass sie damit enden, Dich gefunden zu haben.

(Nelly Sachs)[12]

Up, side, down – inside, out

Up

Wir wollen nun einen besonderen Weg wagen, nämlich sozusagen mit Jesus auf den Berg der Verklärung
steigen:

*„Etwa acht Tage nach diesen Reden nahm Jesus
Petrus, Johannes und Jakobus beiseite und stieg mit
ihnen auf einen Berg, um zu beten. Und während er
betete, veränderte sich das Aussehen seines Gesich-
tes und sein Gewand wurde leuchtend weiß. Und
plötzlich redeten zwei Männer mit ihm. Es waren
Mose und Elija; sie erschienen in strahlendem Licht
und sprachen von seinem Ende, das sich in Jerusalem erfüllen sollte. Petrus und seine Begleiter aber
waren eingeschlafen, wurden jedoch wach und sahen Jesus in strahlendem Licht und die zwei Männer, die bei ihm standen. Als die beiden sich von
ihm trennen wollten, sagte Petrus zu Jesus: Meister,
es ist gut, dass wir hier sind. Wir wollen drei Hütten
bauen, eine für dich, eine für Mose und eine für Elija. Er wusste aber nicht, was er sagte. Während er
noch redete, kam eine Wolke und warf ihren Schatten auf sie. Sie gerieten in die Wolke hinein und be-
kamen Angst. Da rief eine Stimme aus der Wolke:
Das ist mein auserwählter Sohn, auf ihn sollt ihr hören. Als aber die Stimme erklang, war Jesus wieder
allein. Die Jünger schwiegen jedoch über das, was
sie gesehen hatten, und erzählten in jenen Tagen
niemand davon. Als sie am folgenden Tag den Berg*

hinabstiegen, kam ihnen eine große Menschen-
menge entgegen."

Den Mittelpunkt dieser Erzählung bildet die Stimme
aus der Wolke: Davor und danach lesen wir vom
„Nicht-Sehen" und „Nicht-Verstehen". Die Stimme
richtet sich an Jesus Christus. Er ist die Mitte, auf
die alles zuläuft. Um mit Jesus ins Gespräch zu
kommen, um mit ihm zu reden, müssen wir „auf
der Höhe" sein, uns mancher Anstrengung unterzie-
hen, um auf den Gipfel des Berges zu kommen. Erin-
nert euch an den Wunderknaben: Immer wieder
musste er sich an den verschiedenen Weggabelungen
entscheiden, um schließlich auf dem Gipfel stehen
zu können. Wer sich nicht entscheidet, der bleibt im
Tal der Möglichkeiten, die mit der Zeit zu Unmöglichkeiten gerinnen. Auf dem Berg aber bekommen wir den Durchblick. Überlegt euch, wann die
„Taborstunden" (denn Tabor hieß der Berg, auf dem
Jesus mit Mose und Elija sprach) eures Lebens gewesen sind – Momente, in denen ihr das Gefühl hattet, den Durchblick zu haben.

„Tiramisu"

Jesus geht nicht alleine auf den Berg, er nimmt drei
Auserwählte mit, die er selbst nach oben führt. Jesus
ist – es mag blasphemisch klingen – ein „Tiramisu",
ein „Zieh-mich-hoch": Er ist derjenige, der uns

führt, leitet und zieht. Er ist im Wortsinn attraktiv – anziehend. Wo Jesus führt, ist die Richtung immer die Herzmitte unseres Lebens. Er bleibt nicht in den Niederungen, in der Banalität des Lebens stehen, sondern führt zum Durchblick.

Die ganze Handlung dieser Erzählung ist eingebettet in das Gebet Jesu: *„Während er betete ..."* Es ist gut, wenn wir das, was wir tun, zuvor im Gebet bedenken und reflektieren. Oft handeln wir aus dem Bauch heraus, unreflektiert, spontan. Wir sagen etwas und bemerken schon im Reden, dass das Gesagte in die falsche Richtung geht. Das Gebet lässt uns innehalten, führt uns auf den Berg, damit wir den Überblick über unsere eigene Situation erlangen. Es gibt uns das erhebende Gefühl, von allem den richtigen Abstand zu haben.

Die Verklärung Jesu stellt einen Prozess dar. Die auserwählten Jünger betrachten diesen Prozess, hören die Stimme des Vaters, die Jesus zuruft, dass er der geliebte Sohn ist. Wir selbst werden zu Töchtern und Söhnen, da wir durch Jesus die Kindschaft Gottes erlangt haben. Wir sind die geliebten Kinder Gottes. Wenn uns das klar wird, dann werden wir hineingenommen in den Prozess der Verklärung, in das dynamische Verändern unseres Lebens auf die Nachfolge hin.

Side

Die Jünger sind zwar äußerlich auf der Höhe, aber innerlich noch nicht angekommen. Sie wollen oben bleiben, Hütten bauen. Das aber wäre doch zu eng gedacht. Blieben sie alleine dort, so käme das Heil nie zu denjenigen, die unten auf sie warten. Gott aber will das Heil für alle. Dem Gang in die Höhe folgt der Blick zur Seite, das heißt, der Wille, jene zu Christus zu führen, deren Sehnsüchte bisher unbeantwortet geblieben sind.

„Als sie am folgenden Tag den Berg hinabstiegen, kam ihnen eine große Menschenmenge entgegen." Was die wohl wollten? Sie waren natürlich neugierig, was am Berg geschehen war. An erster Stelle waren es die neun anderen Jünger, denen nicht die Gunst zuteilgeworden war, mit auf den Berg zu steigen. Sie werden so oder ähnlich gefragt haben: „Was habt ihr da gemacht? Was hat er euch gezeigt? Bitte erzählt es uns!" Bestimmt haben dann schließlich doch die Drei mit leuchtenden Augen erzählt, was sich auf dem Gipfel des Berges zugetragen hat, als die Stimme aus der Wolke sprach und die beiden großen Propheten des Alten Testamentes, Mose und Elija, erschienen.

Was sich dort ereignete, war ein großartiges, kaum beschreibbares Ereignis. Es handelt sich um eine Gotteserscheinung: Schein im Sein, zugleich Sein im Schein – eben hundertprozentige Kongruenz. Jesus erscheint, wie er ist!

Am liebsten wären die Drei natürlich dort oben geblieben, im Licht, dort, wo man endlich mal den

Überblick über die Banalität der Tiefe des Alltäglichen hat; gerne hätten sie weiterhin auf der Höhe verweilt. Und mit diesem Wunsch drücken sie etwas sehr Menschliches aus: Wer würde nicht gerne ständig auf der Höhe der Zeit sein, den Überblick haben, erhaben sein über die anderen?

Glaube aber ist nicht zu unserem Privatgebrauch bestimmt. „Der Glaube kommt vom Hören", somit also allein durch die Weitergabe, durch das Weitersagen.

Ich möchte als Bild hierzu ein Beispiel aus meiner eigenen Biografie nehmen: In meinem Elternhaus befand sich mein Schlafzimmer direkt über der Küche. Mit meiner Kindheit verbinde ich unter anderem die Erinnerung an den Samstag- und Sonntagmorgen – das waren jene Tage, an denen die gesamte Familie länger schlafen konnte. In der Regel wurde ich zu einem bestimmten Zeitpunkt wach, nicht etwa, weil bereits unten in der Küche laut das Frühstück vorbereitet wurde. Statt meiner Ohren weckte mich meine Nase: Der Duft von frisch aufgebrühtem Kaffee ließ mich wach werden. In der Woche kochte mein Vater bereits in den frühen Morgenstunden den Kaffee, um ihn dann für den Rest der Familie, der nach und nach zu verschiedenen Zeiten zum Frühstück erschien, in eine Thermoskanne zu füllen. Zwar war dieser „Thermoskaffee" heiß und sogar als Kaffee erkennbar, aber es fehlte einfach das Aroma! Es ist wie mit allem, was aus der Konserve kommt: Es ist zwar noch identifizierbar, aber es schmeckt eben nicht mehr wie frisch. Egal, ob Kaffee, Gemüse oder Obst, selbst Musik aus der Konserve ist nichts im Vergleich zu live gespielter Musik. Frisch ist immer am besten, nichts geht beispielsweise über eine Gemüsesuppe, deren Zutaten morgens noch im Garten standen.

Ein konservierter Glaube macht unbeweglich und im Wortsinn konservativ. Er kann sogar ungenießbar machen, dann nämlich, wenn man meint, in der eigenen „Glaubenskonservendose" befänden sich die allein gültigen Glaubenswahrheiten, die dogmatisch für alle verbindlich sein müssen. Petrus neigt am Tabor ein wenig in diese Richtung – und das ist nur allzu menschlich! Wie gerne wollen wir die schönen Momente unseres Lebens für immer behalten. Wir möchten, dass die Uhr stehen bleibt, dass der glückliche Augenblick niemals endet. So denkt auch Petrus: Am liebsten würde er dort oben bleiben, die Freundschaft mit Jesus exklusiv leben, aber Exklusivität zerstört die Freundschaft. Jesus Christus ist die feste Mitte, die sich zugleich auf alle und jeden hin öffnet. Dort, wo wir anfangen, Glauben, Beziehung und Freundschaft exklusiv zu leben, machen wir sie kaputt. Carlo Schmitt hat es mal sehr einfach und zugleich prägnant und treffend ausgedrückt: *„Dort, wo die Mitte fest ist, können die Grenzen offen sein."* Jesus Christus ist die Mitte. Wenn wir ihn als die Mitte unseres Lebens erkennen, dann können wir uns zugleich nach außen hin öffnen; dann gelingt Glaubensweitergabe aus dieser überschäumenden Glaubensmitte heraus gleichsam automatisch.

Oft denken wir Verkündigung und Glaubensvermittlung sehr technisch. Indes geschieht dort Glaubenstradierung am besten, wo wir einfach überzeugt unseren Glauben leben. Es geht im übertragenen Sinn um das „Glaubensaroma", das wir ausstrahlen. „Ihr seid der Wohlgeruch Christi!" – das ist kein künstliches Parfümieren, sondern die Weitergabe dessen, woraus wir leben.

Ich möchte es noch mal an einem andern Bild festmachen: Stellt euch die Szene vor, wie die Heiligen Drei Könige, die Weisen aus dem Morgenland, nach Betlehem zum Stall kommen, um den Neugeborenen anzubeten. Königliche Gestalten sind es, Menschen, die in dem Ruf stehen, Sterne deuten zu können. Es sind die Intellektuellen und Wohlhabenden ihrer Zeit, gekleidet mit den edelsten Stoffen und mit den besten Düften umhüllt. Diese Noblesse hält nun Einzug im Stall von Betlehem. Schon einige Meter davor werden die Weisen den einschlägigen Stallgeruch gerochen haben. Nun ja, nachdem sie es nun einmal unternommen haben, dem Stern zu folgen und dieser sich anschickt, über just diesem Stall stehen zu bleiben, ergibt sich keine andere Möglichkeit, als in den Stall einzutreten.

Mit einem Mal ist der typische Geruch vergessen: Die vornehmen Herren sehen das Kind in der Krippe, sie fallen auf die Knie und beten es ehrfürchtig an. Wir dürfen uns vorstellen, dass sie für einige Zeit dort in freudiger Betrachtung verharrten. Dann aber kam die Zeit des Aufbruchs und sie machten sich wieder auf den Weg. Allerdings rochen sie nun nicht mehr wie Herren aus feinem Haus, die Zeit der Anbetung im Stall ging an ihnen nicht spurlos vorüber.

Der Stallgeruch steckte in ihren Kleidern – sie strömten gleichsam aus, woher sie kamen. „Ihr seid der Wohlgeruch Christi!": Man darf uns anmerken, aus welchem Stall wir kommen.

Der Glaube muss uns aus allen Poren kommen, als Wohlgeruch für die Welt. Dort, wo den Menschen das Leben stinkt, weil sie betrogen wurden oder einfach enttäuscht sind, da sollen und dürfen wir das Aroma christlichen Glaubens ausströmen. Wir dürfen den Glauben nicht zum Privatgebrauch im Flakon lassen, sondern wir sollen ihn mit Freude und Enthusiasmus versprühen: „Wovon das Herz voll ist, davon spricht der Mund!" Und nicht nur der Mund, denn zugleich gehen uns die Augen voller Glanz über, innerlich machen wir Freudensprünge und werden begeisternde Zeugen der Erlösung durch Jesus. Es mag sein, dass christliche Religion nicht im Ruf steht, „in" zu sein; dennoch ist ihr Wohlgeruch gerade in unserer heutigen Zeit vermehrt für junge Menschen anziehend.

Anziehend ist aber nur, wer nicht einfach unreflektiert das mittut, was die breite Masse tut. Attraktiv ist derjenige, der immer wieder aufbricht, sich nicht mit dem gerade Erreichten zufriedengibt, sondern sich von der Sehnsucht leiten lässt, mit Jesus auf den Berg der Gotteserkenntnis zu steigen. Wer dort einmal war, der will immer wieder dahin zurück, der hat darin seine Quelle gefunden.

Es mag wie eine Binsenweisheit klingen: In der Regel liegen Quellen auf den Bergen, davon ausgehend entwickeln sie sich vom Rinnsal zum Bach, der zu einem Fluss und schließlich zu einem Strom wird. Der breite Strom gibt die Fließrichtung und die Fließgeschwindigkeit vor. Um es mit einem Slogan unserer Tage auszudrücken: *„Das ist der Rhythmus, bei dem jeder mit muss!"* Wer sich davon bedenkenlos mitreißen lässt, der entfernt sich – mehr oder minder bewusst – immer weiter von der Quelle, vermischt sich zugleich mit anderen Strömungen des sogenannten Zeitgeistes und verliert dadurch Tröpfchen für Tröpfchen immer mehr seine Identität und den eigenen Quellgrund. Da hilft nur eines: Wer zur Quelle will, der muss gegen den Strom schwimmen, zumindest muss er zunächst innehalten und den Anker auswerfen, um einen Überblick zu bekommen, wo er mittlerweile angekommen ist. Dabei fallen ihm diejenigen ins Auge, die bereits oben an der Quelle waren, denn sie werden zu kundigen Führern gegen den Strom, sie wissen, wo sich die Strudel, Stromschnellen und die Sturzbäche befinden. Sie kennen den Weg zurück zur Quelle des Lebens.

Diese Schifffahrt gleicht oftmals einer Odyssee; denn die Sirenen unserer Zeit betören uns mit verlockenden Angeboten, die es viel leichter erscheinen lassen, weiter mitzuschwimmen als innezuhalten. Werfen wir einen kurzen Blick auf Odysseus, wie er sich verhalten hat: Sein Schiff lief Gefahr, auf Grund zu laufen, da sich die gesamte Mannschaft vom Sirenengesang betören ließ. Odysseus handelt nach der Devise: „Augen zu und durch!" Allerdings machte er nicht die Augen zu, sondern er verstopfte sich und den Seemännern die Ohren mit Wachspfropfen.

Zudem ließ er sich selbst an den Mast binden – und schon begann die Seefahrt mitten durch Stromschnellen und Sirenengesang. Völlig unbeschadet kam Odysseus mit seiner Besatzung an.

Die Kirchenväter sahen die Seefahrt des Odysseus als Sinnbild für den Christenmenschen: „Augen und Ohren zu und durch!" Wenn wir als Christen auf jede Kritik, auf jedes Sirenenheulen über Kirchenaustrittszahlen und andere Jammertiraden eingehen, dann laufen wir bald auf Grund. Übrigens: Wer sagt denn eigentlich, dass es um die Kirche so schlecht bestellt ist? Es gibt weltweit keine Organisation, die es schafft, jeden Sonntag so viele Menschen zu ihrer „Veranstaltung" aus dem Bett zu holen wie die Kirche. Es geht in diesem Vergleich nicht um Events wie die Formel Eins oder die Olympiade, sondern um wöchentliche, allsonntägliche Regelmäßigkeit: Das schafft kein Sportkomitee und kein Konzertagent, jeden Sonntag Millionen von Menschen zum Gottesdienst zu bewegen.

So, wie sich Odysseus an den Mast gebunden hat, so sollen wir Christen uns an das Kreuz Christi, Symbol des Sieges über den Tod, binden.

Das Kreuz ist das Symbol schlechthin für unseren christlichen Glauben. Der ist kein vages Bauchgefühl, sondern er erwächst aus den Erfahrungen, die wir in unserem Leben bereits gemacht haben. Sie sind sozusagen der Quellgrund für unser christliches Leben. Im Nachhinein erkennen wir, dass uns die Dinge, die das Leben wirklich lebenswert machen, letztlich geschenkt wurden. Das, was das Leben ausmacht, können wir uns gar nicht selbst erarbeiten: Beziehungsfähigkeit, Freundschaft, Liebe – das alles ist nicht machbar, sondern ein Geschenk. Indem ich beispielsweise in einer Freundschaft dieses große Geschenk erkenne, wächst zugleich in mir der Glaube an den einen Gott, der mir das bereitet hat.

Wenn wir das Bild des Flusses für unser Leben weiterverwenden wollen, dann können wir feststellen, dass der Glaube aus der Erkenntnis der Quelle, somit aus der Rückschau auf das Vergangene, erwächst. Der Christ bindet sich an diesen Glauben, er bindet sich an das Kreuz Christi, um durch die Irrungen und Wirrungen unserer Zeit hindurchzukommen.

Aber wohin geht diese Fahrt eigentlich? „Immer nach Hause! – Unsere Heimat ist im Himmel!" Zeitlebens sind wir unterwegs auf unsere ewige Heimat zu, auf die Erlösung, die im Himmel ist, wie es unsere christliche Hoffnung besagt. Unsere Hoffnung ist also ausgerichtet auf das, was noch vor uns liegt. Sie greift auf das Zukünftige aus. Das älteste Symbol für die Hoffnung ist der Anker.

Der Glaube, der aus unseren Erfahrungen der Vergangenheit erwächst, und die Hoffnung, die auf Zukünftiges ausgreift – beides muss in der Gegenwart, im Strom unseres aktuellen Lebens, verbunden sein: Kreuz und Anker werden im Herz, in der Liebe, vereint.

Daran soll und kann man die Christen erkennen: Sie leben aus einem unsichtbaren Quell und richten ihr Leben auf zukünftiges Heil hin aus, und das tun sie nicht etwa durch reine Lippenbekenntnisse, sondern durch die im Alltag gelebte Nächstenliebe. Nicht dem Mainstream der Ellenbogengesellschaft folgen, sondern durch Solidarität mit den Zukurzgekommenen zeigen und bezeugen, dass das Leben mehr ist als der kurze Genuss des Augenblicks, der womöglich auf Kosten anderer geht.

Glaube – Hoffnung – Liebe; Kreuz – Anker – Herz, das sind die Koordinaten unseres Lebens. Wir brauchen uns mit unserem christlichen Bekenntnis nicht in eine „altmodische" Ecke zwängen zu lassen – christliches Leben ist unmodisch und damit zeitlos attraktiv und anziehend. Es liegt an uns, diese Attraktivität überzeugend zu leben.

Viele Menschen, gerade Jugendliche fühlen sich angezogen von einer feierlichen Liturgie. Oft fragen mich die großen Messdiener, ob wir nicht doch mit Weihrauch feiern könnten, auch wenn kein Hochamt ist. Weihrauch, das große Evangeliar, Vortragekreuz, die schönsten Gewänder, kurzum: feierlich und kostbar den Gottesdienst begehen.

Wir dürfen und sollen protzen und klotzen mit dem, was wir haben. Täuscht der Eindruck, dass vielleicht in der Folge der 68er-Bewegung die Kirche zu schüchtern geworden ist? Gottesdienste hoben sich danach nur noch kaum wahrnehmbar vom Alltäglichen ab. Das ging bis hinein in die Architektur, indem der Straßenbelag im Kirchbau seine Fortsetzung fand. Statt eines Messgewandes trugen die Priester mit einem Mal grau-gelbliche Alben mit „Überwurfstolen". Natürlich wollte man die Menschen in ihrem Alltag abholen, wo sie gerade standen. Zugleich aber gelang es immer seltener, die Menschen wahrhaftig abzuholen und sie in die Gegenwart Gottes zu führen. Vielmehr verharrte man oftmals dort, wo sie gerade standen – und dann bewegte sich eben nichts mehr.

Die Liturgie hob sich gar nicht mehr vom Alltagsgeschehen ab, sie wurde alltäglich und wirkte plötzlich banal. Um im Bild des Flusses zu bleiben: Das Kirchenschiff schwamm mit den Menschen mit, vergaß aber, die Menschen aus dem Zeitfluss in den Ankermoment der Gottesgegenwart herauszuziehen. Die Konsequenz liegt auf der Hand: Wenn Kirche nichts mehr tut, was sich vom Alltäglichen abhebt, wenn sie nicht versucht, die Menschen auf den Berg der Gottesbegegnung zu führen, verliert sie ihre Attraktivität. Aber sie will und muss im Bewusstsein der Menschen wieder als attraktiv und anziehend empfunden werden. Sie zieht uns aus dem allgemeinen Mainstream heraus, lässt uns auf unsere Quellen rückbesinnen, gibt uns in der Eucharistie einen Vorgeschmack auf das ausstehende Heil und stärkt uns, den Gottesdienst in unserem Alltag als Dienst am Menschen in der Nächstenliebe zu praktizieren. Und damit kommen wir nun endlich herunter.

Down

Warum will Petrus nicht vom Berg herunter? Im Bericht von der Verklärung heißt es, dass Mose und Elija vom Ende sprachen, das sich in Jerusalem erfüllen sollte. Und dieses Ende bedeutete letztlich das „Verenden" Jesu am Kreuz. Mit dieser Perspektive im Sinn ist es nur allzu verständlich, dass Petrus lieber auf dem Gipfel, auf der Höhe bleiben will. Der Abstieg nach unten bedeutet zugleich den Abstieg in die Schicksals- und Todesgemeinschaft mit Jesus.

Viel schöner und angenehmer ist es doch, oben mitzuschwimmen. Und wenn schon nicht ganz oben, dann zumindest im oberen Drittel. Der Abstieg nach unten fällt uns immer schwer. Petrus ging es da ganz genauso:

„Von da an begann Jesus, seinen Jüngern zu erklären, er müsse nach Jerusalem gehen und von den Ältesten, den Hohepriestern und den Schriftgelehrten vieles erleiden; er werde getötet werden, aber am dritten Tag werde er auferstehen. Da nahm ihn Petrus beiseite und machte ihm Vorwürfe; er sagte: Das soll Gott verhüten, Herr! Das darf nicht mit dir geschehen! Jesus aber wandte sich um und sagte zu Petrus: Weg mit dir, Satan, geh mir aus den Augen! Du willst mich zu Fall bringen; denn du hast nicht das im Sinn, was Gott will, sondern was die Menschen wollen."

(Matthäus 16,21–23)

Petrus möchte dem Kreuz entfliehen. *„Du hast nicht das im Sinn, was Gott will, sondern was die Menschen wollen!"* Letztendlich kommt keiner am Kreuz vorbei; in dem Maß, wie wir es verdrängen, werden wir wieder darauf gestoßen. Zum Glück müssen wir den Abstiegsweg nicht alleine gehen, denn Jesus geht auch hier an unserer Seite und hilft uns, die Last des Kreuzes zu schultern. Er trägt unser Schicksal mit uns.

Auf diese Realität der Schicksalsgemeinschaft wird der Besucher eines österreichischen Priesterseminars gestoßen: Das Treppenhaus ist eine ziemlich steile Angelegenheit und reicht weit hinauf. Biegt man endlich im dritten Stockwerk außer Atem um die Ecke, so wird man von einem Esel erschreckt! An der Wand hängt ein lebensgroßer Eselskopf mit dummem Blick, großen Augen und riesigen Ohren. Nun ja, zwar erwartet man so etwas nicht in einem Priesterseminar, aber wenn's denn gefällt … Bis man auf einmal unter dem Bild ein Schild mit der Aufschrift entdeckt: „Jetzt sind wir zwei!" Ob ich es will oder nicht, der Esel erklärt mich einfachhin zu seinem Gefährten; er erwählt mich, den Betrachter, sein Schicksal zu teilen – „Jetzt sind wir zwei!"

Unser Lebensweg führt leider nicht immer bergan, es gibt auch Täler und Durststrecken, Momente, in denen das Leben nicht von großem Erfolg gekrönt ist, sondern vielmehr durchlitten werden muss. Immer wieder gibt es Situationen, in denen wir mit dem Kreuz konfrontiert werden. In diesen Zeiten dürfen wir uns vom Gekreuzigten zurufen lassen: „Jetzt sind wir zwei! – Du fühlst dich ungerecht behandelt. Schau auf mich, durch himmelschreiende Ungerechtigkeit wurde ich zum Tod verurteilt. Blick mich an! So ist es gut, jetzt sind wir zwei! Du fühlst dich von anderen ausgegrenzt und verraten. Blick auf mich am Kreuz! Selbst meine besten Freunde haben mich verraten, als es darum ging, mir beizustehen. Schau mich an, so ist es gut. Jetzt sind wir zwei. Du fühlst dich von Gott und den Menschen verlassen. Hör auf mein Rufen am Kreuz: ‚Mein Gott, mein Gott, warum hast du mich verlassen?‘ Du bist nicht allein, wir sind zwei, so ist es gut.“

Wir gehen den Weg nach unten, in die Talebenen, in die Dunkelheiten und Enttäuschungen des Lebens nicht allein. Jesus geht mit uns, wenn wir nur bereit sind, sein Kreuz anzunehmen. Nur so erklärt sich der paradoxe Spruch, dass im Kreuz alleinige Hoffnung sei. Die Hoffnung erwächst aus der Erfahrung, dass er bisher noch immer das Kreuz mit uns getragen hat.

„Seid untereinander so gesinnt, wie es dem Leben in Christus Jesus entspricht: Er war Gott gleich, hielt aber nicht daran fest, wie Gott zu sein, sondern er entäußerte sich und wurde wie ein Sklave und den Menschen gleich. Sein Leben war das eines Menschen; er erniedrigte sich und war gehorsam bis zum Tod, bis zum Tod am Kreuz. Darum hat ihn Gott über alle erhöht und ihm den Namen verliehen, der größer ist als alle Namen, damit alle im Himmel, auf der Erde und unter der Erde ihre Knie beugen vor dem Namen Jesu und jeder Mund bekennt ,Jesus Christus ist der Herr‘ – zur Ehre Gottes, des Vaters.“

(Philipper 2,5–11)

Schließlich wird der Weg nach unten zum Königsweg. Nichts kann uns etwas anhaben, wenn wir auf Jesus allein unser ganzes Vertrauen setzen.

Up – den Überblick bekommen, die „Taborstunden" meines Lebens erfahren und genießen.
Side – der Glaube kommt vom Hören! Mit Begeisterung aus dem Geheimnis der Gottesbegegnung leben und dadurch andere mitreißen.
Inside, out – das nach außen weitergegeben, was ich innerlich erfahren durfte.
Down – das Kreuz im eigenen Leben nicht verdrängen, sondern annehmen in der Gewissheit, dass ich es nicht alleine trage: „Jetzt sind wir zwei!"

Wir dürfen uns auf unserem Weg mit Jesus seine wunderbaren Worte der Seligpreisungen zusagen lassen. Diese Worte sind für denjenigen geschrieben, der sich ganz und gar auf den Nachfolgeweg eingelassen hat. Der Himmel fällt uns nicht einfach nach einem irgendwie dahingeplätscherten Leben in den Schoß, wir müssen schon etwas dafür tun. Was genau, das erzählt Jesus den Umstehenden in der sogenannten Bergpredigt:

„Er sagte: Selig, die arm sind vor Gott; denn ihnen gehört das Himmelreich.
Selig die Trauernden; denn sie werden getröstet werden.
Selig, die keine Gewalt anwenden; denn sie werden das Land erben.

Selig, die hungern und dürsten nach der Gerechtigkeit; denn sie werden satt werden.

Selig die Barmherzigen; denn sie werden Erbarmen finden.

Selig, die ein reines Herz haben; denn sie werden Gott schauen.

Selig, die Frieden stiften; denn sie werden Söhne Gottes genannt werden.

Selig, die um der Gerechtigkeit willen verfolgt werden; denn ihnen gehört das Himmelreich.

Selig seid ihr, wenn ihr um meinetwillen beschimpft und verfolgt und auf alle mögliche Weise verleumdet werdet.

Freut euch und jubelt: Euer Lohn im Himmel wird groß sein. Denn so wurden schon vor euch die Propheten verfolgt."

(Matthäus 5,3–12)

Was ist das für eine seltsame Seligkeit: arm sein! Ich plane gerade, mir im Herbst ein neues Auto zu kaufen. Voller Seligkeit träume ich davon, wie ich mit 235 Stundenkilometern über die Autobahn sause. Sind nicht diejenigen, die sich alles Mögliche leisten können, selig?

Selig die Trauernden – bei den vielen Beerdigungen, die ich bisher erlebt habe, ist mir noch niemand begegnet, der selig oder gar glückselig dreinschaute.

Selig, die verfolgt werden – wenn ich an die Kirche in manchen Erdteilen denke, in Gebieten, wo auch heute noch Christen verfolgt werden, da kann ich keine Seligkeit entdecken. Beschimpft und verfolgt! Das alles ist gewiss nicht seligmachend.

Eine solche Sicht verengt aber unseren Blick zu sehr auf das Gegenwärtige, auf das Diesseits. Der Schlüssel zu diesen Seligkeitsrufen wird uns im vorletzen Satz des eben zitierten Textes gegeben: *„Freut euch und jubelt: Euer Lohn im Himmel wird groß sein."* Wir müssen wieder einmal – wie so oft – unseren Horizont weiten. Das Leben findet nicht nur im Hier und Heute statt, das Beste kommt noch. Vielleicht habt ihr den Film gesehen „Das Beste kommt zum Schluss". Zwei Menschen, die sich zuvor nicht kannten, liegen zufällig im Krankenhaus im gleichen Zimmer. Beide leiden an Krankheiten, die zum Tod führen. Die beiden Herren kommen zwar aus völlig unterschiedlichen Lebensumständen, aber nach und nach freunden sie sich miteinander an. Zunächst legen sie die sogenannte „Löffelliste" an: eine Liste der Dinge, die sie noch erleben wollen, bevor sie den „Löffel abgeben". Und so beginnen sie, rund um die Welt zu fliegen, Berge zu erklimmen, das Leben zu genießen – aber das Beste kommt nicht zum Schluss, sondern danach.

Das ewige Leben ist das Beste, was uns passieren kann. Das ist erlöstes Leben, voller Harmonie und Freude! Das Beste kommt nach dem Schluss – dann nämlich werden wir selig sein; aber eben nur, wenn wir das diesseitige im Blick auf das jenseitige Leben gelebt haben. *„Euer Lohn im Himmel wird groß sein!"*, das vergessen viele Menschen in unserer Zeit, weil sie meinen, sie könnten sich ihre Seligkeit bereits in der Gegenwart erkaufen. Aber sie ist eben nicht für Geld zu haben, sondern Gott schenkt sie uns. Wir können schon jetzt und hier darauf zugehen, indem wir gemäß Gottes Liebe leben.

Diese Liebe findet ihren Höhepunkt im Kreuz Christi, so wie Kreuze die Stelle markieren, an der man den Gipfel eines Berges erreicht hat. Der Gipfel ist das Kreuz! Und zugleich der Höhepunkt der Liebe – dann nämlich, wenn ich bereit bin, mich für den anderen hinzugeben.

Umkehr – Come back, baby, come back

Wenn wir, wie im letzten Kapitel beschrieben, vom Berg der Verklärung ins Tal abgestiegen sind, kommt es leider zu oft vor, dass wir Gottes Wort, sein geliebtes Kind zu sein, zu schnell wieder vergessen. Und damit vergessen wir auch den Blick zur Seite auf unsere Mitmenschen. Zu schnell werden wir zu Einzelkämpfern, die meinen, mit Ellenbogenmentalität ihr Leben irgendwie meistern zu können. Das geht allerdings auf Kosten der Nächstenliebe, der Toleranz und Akzeptanz. Nicht selten führt es uns in die Sünde: Wir leben nicht mehr aus dem Quell des Lebens, den wir auf dem Berg der Gottesbegegnung erfahren durften, sondern wir meinen, es selbst besser zu wissen.
Diese Besserwisserei ist übrigens so alt wie die Menschheit selbst:

„Hat Gott wirklich gesagt: Ihr dürft von keinem Baum des Gartens essen? Die Frau entgegnete der Schlange: Von den Früchten der Bäume im Garten dürfen wir essen; nur von den Früchten des Baumes, der in der Mitte des Gartens steht, hat Gott gesagt: Davon dürft ihr nicht essen und daran dürft ihr nicht rühren, sonst werdet ihr sterben. Darauf sagte die Schlange: Nein, ihr werdet nicht sterben. Gott weiß vielmehr: Sobald ihr davon esst, gehen euch die Augen auf; ihr werdet wie Gott und erkennt Gut und Böse."

(Genesis 3,1–5)

Der Mensch lebt nicht mehr aus dem Bewusstsein, dass er sein Leben aus Gottes Hand hat, sondern macht sich selbst zum Architekten seines Lebensgebäudes. Er wird zur Ikone seiner selbst, indem er sich mit seinen Lebensstilen, mit seinen Entscheidungen und Vorlieben zum Maß aller Dinge erhebt – das geht von Adam und Eva angefangen bist heute so.

Der Mensch ist indes nicht Ikone seiner selbst, sondern Ikone, das heißt Abbild Gottes:

„Dann sprach Gott: Lasst uns Menschen machen als unser Abbild, uns ähnlich. (…) Gott schuf also den Menschen als sein Abbild; als Abbild Gottes schuf er ihn. Als Mann und Frau schuf er sie.“

(Genesis 1,26 f.)

„Lasst uns Menschen machen als unser Abbild, uns ähnlich!“ Zunächst fällt dabei der Plural auf. Wurde Gott zuvor im Singular genannt, so spricht er mit einem Mal von sich selbst in der „Wir-Form". Was hat es damit auf sich?

Die einfachste Definition von Gott lässt sich folgendermaßen fassen: *„Gott ist Liebe!“* (1 Johannes 4,16). Was bedarf es zur Liebe?

Es bedarf dazu zunächst eines Liebenden. Stellen wir uns in kindlicher Fantasie Gott als Vater und Schöpfer vor. Er ist der Liebende. Zugleich bedarf es einer zweiten Person, in diesem Fall ist das der Sohn. Wo aber findet er sich? Von Jesus wird im Schöpfungsbericht nicht explizit berichtet, zugleich aber ist er dabei. Er ist, wie wir es im Prolog des Johannesevangeliums lesen, das „Wort, das im Anfang war" und das bei Gott war und Gott selbst war; und das Wort wurde Fleisch. „... *und Gott sprach:"* – darin bereits ist der Sohn, das Wort Gottes, der sogenannte Logos. Dass indes zwischen beiden Beziehung entstehen kann, dazu bedarf es des „vinculum amoris", wie Augustinus sagt, des Bandes der Liebe, das der Heilige Geist ist. Er ermöglicht die Verbindung zwischen Vater und Sohn.

Wenn nun der Mensch als das Abbild Gottes, ihm ähnlich geschaffen ist, dann hat das einige Konsequenzen.

Das „Ich" alleine kann nicht lieben. Es braucht zum Überleben den Spiegel eines „Du" oder, um es mit den Worten Martin Bubers zu sagen: *„Ich bin ich, weil du du bist."* Aber als Abbild Gottes, der die Liebe ist, verliebt sich das „Ich" dennoch nicht in jede Person, der es begegnet. Mag sein, dass Menschen die gleichen Interessen haben, ähnliche Berufe ausüben und in vielen Dingen „Schnittmengen" finden – dennoch können sie nach kurzer Zeit bemerken, dass sie sich nichts zu sagen haben. Andere haben vielleicht gar nichts oder kaum etwas gemein, sind völlig unterschiedlich, und trotzdem: Sie sehen sich zum ersten Mal und fühlen sich sofort verbunden. Als Gottes Abbild ist der Mensch mit dem Menschen ebenfalls im *„vinculum amoris"* verbunden.

Die Abbildlichkeit des Menschen, somit sein Gottes- und Menschenbild, führt zu einigen Grundwahrheiten, aus denen die fundamentalen Werte der monotheistischen Religionen hervorgehen:

1. Gemeinschaft

Gott bildet in sich die trinitarische Gemeinschaft. Der Mensch als sein Abbild ist somit ein Wesen der Gemeinschaft.

2. Würde

„Lasst uns den Menschen als unser Abbild machen!" Darin liegt die größte Würde des Menschen. Wir sind Abbild Gottes. Eine größere Würde kann es nicht geben.

3. Freiheit

Gott wurde von niemandem gezwungen, den Menschen zu erschaffen. Aus absoluter Freiheit erschafft er den Menschen, was wiederum für ihn als Geschöpf bedeutet, dass er ein Freiheitswesen ist.

4. Verantwortung

Diese Freiheit ist indes keine absolute, uneingeschränkte Freiheit, die schlimmstenfalls gar in die Beliebigkeit führt. Gott spricht das Wort, worauf der Mensch Ant-Wort gibt. Damit hat er eine verantwortete Freiheit, die dort endet, wo die Freiheit des anderen beginnt.

5. Kreativität

Gott ist der Schöpfer, der *Creator*. Der Mensch als sein Abbild ist somit berufen, kreativ und schöpferisch zu sein. Das ist er vor allem in jenen Momenten, in denen er sich als Mensch durch seine Tätigkeit und Arbeit verwirklicht. Mit unserer Arbeit nehmen wir also am Schöpfungsprozess teil, sind Mitgestalter an der *creatio continua* („fortgesetzte Schöpfung": Gottes Schaffen in der Welt geht weiter und hat nicht mit der Erschaffung der Welt ihr Ende gefunden).

6. Dankbarkeit

Der Mensch darf Gott ähnlich sein. Er darf schöpferisch in Gemeinschaft mit anderen sein Leben gestalten. Dafür gilt es immer wieder zu danken.

7. Ruhe

Am siebten Tag schließlich ruht Gott aus. Gerade das sollte für unsere Zeit als ein fundamentales Gut wiederentdeckt werden. Wenn Gott ruht, dann sollte auch der Mensch am siebten Tag zur Ruhe kommen. Denn im Ruhen vollendet Gott das Werk, indem er es betrachtet und für gut befindet. Menschen werden krank, wenn sie nicht das Produkt ihrer Arbeit betrachten und für gut befinden können. Wir sind in latenter Gefahr, in Beruf und Freizeit nicht mehr zur Ruhe zu kommen. Immer mehr gleichen wir dem „Hamster im Laufrad" – wir drehen uns um uns selbst, um die Arbeit, um den Erfolg, bis wir schließlich ermattet und müde auf der Strecke bleiben und nicht mehr weiterkönnen.

Vielleicht ist die Ruhe einer der wichtigsten Werte für unsere Zeit. Es gilt, sich die Ruhe zu gönnen als

Zeit des Erinnerns, in der man auf das gelebte Leben zurückblicken kann, um zu erkennen, dass man es nicht für sich allein gelebt hat. Im Nachhinein erkennt man die Stütze, die die Solidarität der anderen bildete. Bei genauer Betrachtung kommt schließlich der in den Blick, dem ich meine gesamte Existenz verdanke. Die Rückschau auf die Vergangenheit und deren Interpretation führt zum Glauben – dem Glauben daran, dass es Führung und Fügung gibt.

Wer gelernt hat, sein Leben mit den Augen des Glaubens zu betrachten, der vermag mit Visionen in die Zukunft zu gehen. Er lässt sich nicht von Zukunftsängsten überwältigen, sondern vertraut darauf, dass es auch für das Morgen einen Lösungsweg gibt. Aus dem glaubenden Blick, der sich aus der Erfahrung nährt, wächst der hoffende Blick, der die Zukunft betrachtet. Beide Zeitebenen verschmelzen in der Gegenwart. Zugleich werden Glaube und Hoffnung zusammengeführt in der liebenden Annahme.

Alles schön und gut – wäre da nicht dieser blöde Zwischenfall mit Adam, Eva und der Schlange dazwischengekommen. Der Mensch maßte sich an, selbst Herr über das Leben zu sein. Statt die Freiheit in Verantwortung wahrzunehmen, die einzige von Gott gesetzte Grenze zu akzeptieren, nimmt er sich die Freiheit, das Gesetz zu übertreten. Die Konsequenz liegt auf der Hand: Der Mensch versteckt sich. Er ist feige, und in seiner Not heftet er sich ein Feigenblatt vor seine Blöße. Warum? Weil die paradiesische Atmosphäre des Vertrauens mit einem Mal vergiftet ist. Misstrauen bestimmt nun den Lauf der Dinge.

Aber nur dort, wo man einander liebend vertraut, kann man sich auch genauso zeigen, wie man ist – mit allen Blößen, Kanten, Schwächen und Ecken. Dort aber, wo das Vertrauen nicht mehr vorhanden ist, beginnt man sich Feigenblätter anzuheften. Feigenblätter können hier im übertragenen Sinn für die vielen Masken stehen, mit denen wir tagtäglich durch das Leben gehen, um „bella figura", also eine gute Figur, zu machen, statt endlich „figura Christi" zu werden. Und statt für den selbst gemachten Bockmist einzustehen, ziehen wir es vor, die Schuld auf die anderen zu schieben. Wir stehlen uns aus der Affäre und aus der Verantwortung. Gott fragt den Adam: *„Hast du von dem Baum gegessen, von dem zu essen ich dir verboten habe?"* Adam antwortete: *„Die Frau, die du mir beigestellt hast, sie hat mir von dem Baum gegeben, und so habe ich gegessen."* Aha, der arme Adam konnte gar nichts dafür; schließlich hat die Frau, die Gott ihm ja selbst gegeben hat – womöglich wollte er sie gar nicht, sondern lieber seine Ruhe haben –, ihn dazu verführt. Da haben wir den Sündenbock! *„Gott, der Herr, sprach zu der Frau: Was hast du da getan? Die Frau antwortete: Die Schlange hat mich verführt, und so habe ich gegessen."* Also war's die Frau auch nicht – die Schlange hat ihr das dumme Obst ja sozusagen aufgenötigt …

Stopp! Zur Freiheit ist der Mensch berufen. In genau dieser Freiheit hätten sowohl Adam als auch Eva Nein sagen können. Sie aber ent-schuld-igen sich, indem sie dem jeweils Nächsten die Schuld in die Schuhe schieben. Diese Taktik können wir über die gesamte Geschichte bis in unsere Gegenwart beobachten: Entschuldigungsmechanismen statt der einfachen Bitte um Vergebung. Aber genau darum geht es – oder trauen wir dem Gott, der selbst die Liebe ist, nicht zu, dass er uns vergibt? Vielleicht geht es uns da ähnlich wie den sprichwörtlichen Pharisäern und Schriftgelehrten:

„Alle Zöllner und Sünder kamen zu ihm, um ihn zu hören. Die Pharisäer und die Schriftgelehrten empörten sich darüber und sagten: Er gibt sich mit Sündern ab und isst sogar mit ihnen. Da erzählte er ihnen ein Gleichnis und sagte: Wenn einer von euch hundert Schafe hat und eins davon verliert, lässt er dann nicht die neunundneunzig in der Steppe zurück und geht dem verlorenen nach, bis er es findet? Und wenn er es gefunden hat, nimmt er es voll Freude auf die Schultern, und wenn er nach Hause kommt, ruft er seine Freunde und Nachbarn zusammen und sagt zu ihnen: Freut euch mit mir; ich habe mein Schaf wiedergefunden, das verloren war. Ich sage euch: Ebenso wird auch im Himmel mehr Freude herrschen über einen einzigen Sünder, der umkehrt, als über neunundneunzig Gerechte, die es nicht nötig haben umzukehren.

(Lukas 15,1–7)

Entweder ist das eine verloren gegangene Schaf dumm oder aber ausgesprochen listig! Stellen wir uns die Schafherde einmal vor unserem geistigen Auge vor. Es sind nicht etwa zehn oder 20 Schafe, es handelt sich hier um 100 Schafe! Aus der Ferne betrachtet sieht diese Herde wie eine große weiße Wolke aus. Zudem sind sie durch ihr ständiges „Mähen" eine Ohrenfreude eigener Prägung. Man kann sie also kaum übersehen beziehungsweise überhören. Wie aber kann es nun sein, dass trotzdem ein Schaf abhandenkommt? Ist es taub oder blind?

Im Gegenteil, dieses zarte Lämmlein, das es sich schlussendlich auf dem Rücken des Hirten bequem macht, hat sich klammheimlich im Wortsinn „vom Acker gemacht"! Ich meine auch zu wissen, warum. Tagein, tagaus das gleiche Programm: Nach der Morgentoilette beginnt das Tagewerk: grasen, grasen, grasen. Ist eine Weide abgegrast, setzt sich der ganze Pulk in Bewegung, und weiter geht's auf die nächste Weide. Immer das gleiche Gras, um einen herum immer die gleichen dummen Schafe. Das Leben wird zunehmend berechenbarer. Also nichts wie raus aus dem Trott! „Individualisierung" heißt die Devise: Statt gemeinem Gras bevorzugt unser Schaf mit einem Mal Bärlauchpesto. Das abendliche Schnarchen der anderen Schafe wird durch sanftes Zirpen der Grillen ersetzt, und das morgendliche Aufstehen und Weiterziehen wird nicht mehr gruppendynamisch entschieden – raus aus dem Gruppenzwang! –, sondern nach einem ausgiebigen Frühstück überlegt das Schaf nun in aller Freiheit, was es denn heute zu tun geruht. Vor allem wird nicht mehr das getan, was die anderen machen. Nein, unser Schaf ist individuell – ein avantgardistisches Schaf, könnte man meinen.

Was das gewitzte Schaf hier betreibt, ist Individualisierung, deren Kehrseite bedeutet: Es schließt sich selbst aus der Gruppe aus. Das Schaf geht nicht einfach verloren, gleichsam als passives Opfer des bösen Schicksals. Es verliert sich bewusst, und zwar im Hedonismus, in der Arroganz des Elitären und im Besserwissen. Nun hat es sich tatsächlich verlaufen, nämlich in die Einsamkeit. Es weiß auf einmal nicht mehr weiter. Das, was zuvor so schön und verlockend aussah, führt es in die Vereinsamung, und nun denkt es: Wie schön war es doch, die Wärme der Herde zu spüren, wie anregend war der morgendliche Austausch über das Wetter, wie sonor klang das Schnarchen der Nachbarschafe!

Das Schaf erkennt seine Abwege und hofft auf die Güte des Hirten. Nur allzu bereit lässt es sich von ihm finden. Der gute Hirte geht dem verlorenen Schaf nach, um es voller Freude auf seinen Schultern zurückzubringen. Gott geht uns hinterher, wo wir auf Abwege gekommen sind. Es schmerzt ihn, wenn wir uns selbst aus der Gemeinschaft mit ihm und den Mitmenschen isolieren. Sein größter Wunsch ist unsere Rückkehr! Wir sollen uns lediglich von ihm finden lassen – er selbst führt uns zurück.

„Weiter sagte Jesus: Ein Mann hatte zwei Söhne. Der jüngere von ihnen sagte zu seinem Vater: Vater, gib mir das Erbteil, das mir zusteht. Da teilte der Vater das Vermögen auf. Nach wenigen Tagen

packte der jüngere Sohn alles zusammen und zog in ein fernes Land. Dort führte er ein zügelloses Leben und verschleuderte sein Vermögen. Als er alles durchgebracht hatte, kam eine große Hungersnot über das Land und es ging ihm sehr schlecht. Da ging er zu einem Bürger des Landes und drängte sich ihm auf; der schickte ihn aufs Feld zum Schweinehüten. Er hätte gern seinen Hunger mit den Futterschoten gestillt, die die Schweine fraßen; aber niemand gab ihm davon. Da ging er in sich und sagte: Wie viele Tagelöhner meines Vaters haben mehr als genug zu essen und ich komme hier vor Hunger um. Ich will aufbrechen und zu meinem Vater gehen und zu ihm sagen: Vater, ich habe mich gegen den Himmel und gegen dich versündigt. Ich bin nicht mehr wert, dein Sohn zu sein; mach mich zu einem deiner Tagelöhner. Dann brach er auf und ging zu seinem Vater. Der Vater sah ihn schon von Weitem kommen und er hatte Mitleid mit ihm. Er lief dem Sohn entgegen, fiel ihm um den Hals und küsste ihn. Da sagte der Sohn: Vater, ich habe mich gegen den Himmel und gegen dich versündigt; ich bin nicht mehr wert, dein Sohn zu sein. Der Vater aber sagte zu seinen Knechten: Holt schnell das beste Gewand und zieht es ihm an, steckt ihm einen Ring an die Hand und zieht ihm Schuhe an. Bringt das Mastkalb her und schlachtet es; wir wollen essen und fröhlich sein. Denn mein Sohn war tot und lebt wieder; er war verloren und ist wiedergefunden worden. Und sie begannen, ein fröhliches Fest zu feiern. Sein älterer Sohn war unterdessen auf dem

Feld. Als er heimging und in die Nähe des Hauses kam, hörte er Musik und Tanz. Da rief er einen der Knechte und fragte, was das bedeuten solle. Der Knecht antwortete: Dein Bruder ist gekommen und dein Vater hat das Mastkalb schlachten lassen, weil er ihn heil und gesund wiederbekommen hat. Da wurde er zornig und wollte nicht hineingehen. Sein Vater aber kam heraus und redete ihm gut zu. Doch er erwiderte dem Vater: So viele Jahre schon diene ich dir, und nie habe ich gegen deinen Willen gehandelt; mir aber hast du nie auch nur einen Ziegenbock geschenkt, damit ich mit meinen Freunden ein Fest feiern konnte. Kaum aber ist der hier gekommen, dein Sohn, der dein Vermögen mit Dirnen durchgebracht hat, da hast du für ihn das Mastkalb geschlachtet. Der Vater antwortete ihm: Mein Kind, du bist immer bei mir, und alles, was mein ist, ist auch dein. Aber jetzt müssen wir uns doch freuen und ein Fest feiern; denn dein Bruder war tot und lebt wieder; er war verloren und ist wiedergefunden worden."

(Lukas 15,11–32)

Ähnlich wie das verlorene Schaf meint auch der jüngere Sohn, es besser zu wissen. Warum soll er denn ständig malochen, wenn er sowieso den Wohlstand des Vaters erbt? Auf Arbeit hat er keine Lust, schon gar nicht auf das tägliche Einerlei. Kurz entschlossen geht er zum Vater und bittet ihn, ihm sein Erbteil auszuzahlen. Dann packt er seine sieben Sachen und macht ernst mit seinem persönlichen Emanzipationsprogramm. Im Wortsinn entzieht er sich aus der schützenden Hand des Vaters. Aber er begibt sich damit ins Bodenlose. Er verschleudert das Geld, bringt es mit Dirnen und zwielichtigen Gestalten durch, hat nur noch Party im Sinn – völlig maßlos bringt er das gesamte Erbe durch. Dabei entfernt er sich äußerlich und innerlich immer weiter vom schützenden Vaterhaus. Schließlich hat er alles ausgegeben. Nichts tut sich mehr. Sünde führt in Erstarrung und Lähmung: keine Freunde, keine Beziehung, keine Handlung – einfach nichts!

Daher wird der sündige Mensch auch als der „homo incurvatus", der in sich verkrümmte Mensch, bezeichnet. Er hat nichts mehr mit dem aufrecht gehenden, dem aufrichtigen „homo erectus" gemeinsam. Allein, lahm, motivationslos und ausgebrannt liegt der Sohn da. Er ist am entferntesten Punkt vom Vater angekommen; weiter kann man sich nicht emanzipieren.

„Da ging er in sich." Auch wenn er äußerlich in Bewegungslosigkeit verharrt, so tut sich innerlich noch etwas. Er geht in sich, wagt den inneren Schritt der „Metanoia", der Umkehr und des Neubedenkens. Er reflektiert das, was er getan hat. Schnell wird ihm bewusst, dass er sich aus der Hand befreit hat, die immer schützend über ihm war, die ihn trug, wenn er zu fallen drohte, die ihn anschob, wenn ihm die Motivation fehlte, die ihn zog, wenn ihm die Puste ausgegangen war, die ihn auffing, wenn er stürzte. Ohne die Hand des Vaters vermag er nichts. Er geht in sich, um das zu erkennen.

Umkehr ist indes nicht nur ein innerlicher Prozess: *„Ich will aufbrechen!"*, heißt es im Text. Er macht sich auf den Weg der Inmanzipation – zurück in die Hand des Vaters. Es ist der Weg des Vertrauens, jenes Vertrauen, das Jesus selbst in seinem eigenen Sterben bekundet: *„Vater, in deine Hände lege ich meinen Geist!"* (Lukas 23,46).

In der Umkehr des Sohnes steckt die Dynamik der Versöhnung – es gibt kein Anhalten. Dort, wo die Bewegung äußerlich stagniert, kommt er endlich innerlich zu sich selbst, indem die Emotionen in ihm aufsteigen.

Es gilt für den Sohn wie für jeden Sünder das Gesetz des süditalienischen Straßenverkehrs: „Wer stehen bleibt, verliert!" Man muss immer in Bewegung bleiben, nicht in der Sünde verharren, sondern den einen notwendigen Schritt gehen: Umkehr! In diesem Schritt dreht sich die gesamte Existenz des Sohnes endlich wieder auf den Vater hin: Nachdem er ihm lange Zeit den Rücken zugekehrt hatte, blickt er nun wieder in das Gesicht der Freude und des Erbarmens. Auch nach Jahren voller Umwege braucht es nur diesen einzigen Schritt: die Ausrichtung weg vom Sündigen auf das Gesicht Gottes, das uns in unserem Nächsten begegnet.

Mit offenen Armen steht der Vater da, gibt dem Sohn das beste Gewand, lässt ihm einen kostbaren Ring anstecken und das Mastkalb schlachten. Was da geschieht, ist wie Weihnachten und Ostern zusammen – tatsächlich! Zum einen geschieht Menschwerdung: Der Sohn lässt sein sündiges Leben und wird endlich wieder so menschlich, wie es von Gott seit Menschengedenken gewollt ist. Zum anderen geschieht Auferstehung: Aus dem Reich der Sünde und des Todes kehrt der Sohn in das Friedensreich des Vaters zurück und beginnt ein neues, von der Sünde erlöstes Leben.

Noch ein Wort zur Emanzipation: Sie gehört natürlich zu unserem Leben, damit wir uns entwickeln können. Es stellt sich aber immer die Frage nach dem „Wohin": aus der Hand der Eltern, der Lehrer, der Ausbilder wohin? Wenn ich darauf noch keine Antwort habe, dann sollte ich getrost noch eine Zeit in diesen Händen bleiben. Emanzipation als bloßer Protest ist langweilig und dumm. Wenn sie allerdings zielorientiert ist, wenn sie uns auf unserem Lebensweg als Nachfolgeweg Christi weiterführt, dann ist sie das Gebot der Stunde.

Once you pop, you can't stop –
Enthaltsamkeit um des Nächsten
und meiner selbst willen

Natürlich kennt ihr die berühmte Pringles-Werbung: „Once you pop, you can't stop!" Und tatsächlich geht es mir ganz genauso: Sobald ich anfange, diese Chips zu essen, kann ich nicht mehr aufhören. Selbst jene, die mir beim ersten Bissen nicht so richtig schmecken, beispielsweise die mit Zwiebeln, können zu einer echten Sucht werden. Tatsächlich ist nach kurzer Zeit die Pringlespackung leer.

Und der Effekt? Langsam zunehmendes Übergewicht, Pickel und nach und nach das Abtöten der Geschmacksnerven. Irgendwie machen diese Chips süchtig – und genau damit wirbt ja auch der Konzern. Es ist ähnlich wie bei den großen Fast-Food-Ketten: In allen Restaurants weltweit schmeckt alles gleich (schlecht), und trotzdem wollen viele nicht darauf verzichten. Man könnte französische, vietnamesische, italienische oder deutsche Feinschmeckerküche haben und rennt stattdessen zu „Mäckes" oder „pfeift sich eine Packung Pringles rein". Warum? Weil es billiger ist? Wohl kaum. Weil es besser schmeckt? Nein. Wohl eher, weil es scheinbar alle tun! Die Menschheit scheint von der Idee besessen zu sein, dass Fastfood und Pringles den Lebensgenuss steigern.

„Ihr seid das Salz der Erde. Wenn das Salz seinen Geschmack verliert, womit kann man es wieder sal-

zig machen? Es taugt zu nichts mehr; es wird weg-
geworfen und von den Leuten zertreten.
Ihr seid das Licht der Welt. Eine Stadt, die auf ei-
nem Berg liegt, kann nicht verborgen bleiben. Man
zündet auch nicht ein Licht an und stülpt ein Ge-
fäß darüber, sondern man stellt es auf den Leuch-
ter; dann leuchtet es allen im Haus. So soll euer
Licht vor den Menschen leuchten, damit sie eure
guten Werke sehen und euren Vater im Himmel
preisen."

(Matthäus 5,13–16)

Den Widerstand gegen diesen Trend der „McDonal-disierung" leistet ihr als überzeugte junge Christen. „Once you pop, you can't stop" – ich glaube es nicht, und ich möchte es nicht glauben. Es ist natürlich klar, wovon ich rede: Mir geht es nicht um Hamburger oder um irgendwelche Chips mit verschiedenen Geschmacksrichtungen, ich rede vom Sex! „Once you pop, you can't stop!"

Laut Statistik kann man sagen, dass die meisten Jugendlichen im Alter von 17 Jahren ihre ersten sexuellen Erfahrungen sammeln. Der erste Kontakt ist stark von Neugier und sozialem Druck von Gleichaltrigen geprägt. Viele Jugendliche berichten, sie wollten das erste Mal „endlich hinter sich bringen".

Das war vor circa 40 bis 50 Jahren nicht anders. Allerdings gibt es einen wichtigen und großen Unterschied zu damals. Denkt einmal an die Generation eurer Großeltern und überlegt, wie alt sie waren, als sie geheiratet haben. Die meisten heirateten direkt nach der Ausbildung. Nur wenige haben damals studiert. Das heißt, nachdem man seine Lehre beendet hatte, konnte man eine Familie gründen. Und somit war es nicht unüblich, mit 17, 18 oder 19 Jahren zu heiraten. Bis zu diesem Zeitpunkt hoben sich viele die erste sexuelle Erfahrung auf.

In der Zwischenzeit hat sich einiges geändert. Die Zahl der Studierenden ist immens angestiegen. Viele sind heute im Alter von 18 Jahren mit ihrer Ausbildung noch nicht fertig, die meisten fangen dann erst richtig damit an. Zugleich sind junge Menschen heutzutage körperlich viel früher reif als noch vor 50 Jahren. Bis man heute die Ausbildung beziehungsweise das Studium beendet hat und beruflich fest im Sattel sitzt, ist man locker Ende 20, Anfang 30. Zumindest erlebe ich in der Ehevorbereitung viele Brautpaare, die just in diesem Alter sind. Was also tun? Körperlich erleben wir eine sehr frühe Reife, ausbildungsmäßig sind wir ziemlich spät erst dazu in der Lage, eine Familie zu gründen. Es entsteht eine „Zwischenzeit" von bis zu 15 Jahren.

Jetzt also noch 15 Jahre auf den ersten Sex warten? Das kann es doch nicht sein. Alle Welt spricht davon, alle tun es, jeder scheint es schon erlebt zu haben. Und ich soll noch warten? Noch länger? Da hatten es doch unsere Großeltern viel leichter. Sie konnten unter dem Deckmantel des ehelichen Sakramentes ihre Liebe in vollen Zügen ausleben.

Und genau darum geht es: Um die Liebe! Um die wahrhaftige Liebe! *„Ihr seid das Salz der Erde!"* Verliert nicht diesen Geschmack, werdet nicht schal!

Neulich las ich in einer MSN-Anzeige folgende Überschrift: „Entweder Frau fürs Leben oder für eine Nacht. Was anderes gibt's für mich nicht!" Das finde ich total schal – allein diese Alternative. Für eine Nacht – wie billig ist das denn?

Weiter oben war von den Seligkeiten die Rede. Die Generation unserer Großeltern sang einen Schlager mit dem Text „Für eine Nacht voller Seligkeit, da geb ich alles hin!" Darin geht es um das Glück für eine Nacht, das am darauffolgenden Morgen um acht Uhr endet. Das ist eine seltsame Seligkeit! Machen wir uns nichts vor – was da in den Dreißigerjahren besungen wurde, war nichts anderes als ein One-Night-Stand. Das ist wahrhaftig keine Seligkeit. Das ist nichts anderes als Verschwendung! Verschwendet euch nicht an sexuelle Abenteuer! Werdet nicht abhängig von der Sexualität, sondern wandelt sie positiv in eure Energie, in Kraft und Kreativität! In der Sexualität steckt eine mächtige Energie, aber es gilt, diese gut und gezielt einzusetzen.

Wenn ich nur das Körperliche, den Sex, im Sinn habe, dann verschwende ich mein Potenzial. Jede Nacht ein anderer Partner – da wird man trübsinnig und verkauft sich völlig unter Preis. Sexualität hat auch etwas mit dem eigenen inneren Kern, mit einem inneren Geheimnis, einem Zauber zu tun, aber eben nur dann, wenn ich sie nicht einfach verschwende, sondern sie dem schenke, den ich wahrhaftig liebe. Dann nämlich wird sie zum Ausdruck meiner totalen Hingabe, meines Selbstverschenkens an den anderen. In der sexuellen Ekstase zeige ich ganz, was es heißt, für den anderen da zu sein. Ich bezeuge im sexuellen Akt, dass ich im anderen aufgehe. Wahrhaftig geschieht das indes nur, wenn ich diesen Menschen, mit dem ich eins werde, tatsächlich liebe, wenn diese Liebe leidenschaftlich ist.

Es gibt Alternativen zu dem Trend, dass man alles möglichst früh und umfassend ausprobiert haben muss. Zwar heiraten die Menschen heute erst später, aber oft ziehen sie schon während der Studienzeit zusammen, um zu schauen, ob ein gemeinsames Zusammenleben auch tatsächlich funktioniert. Nun ja, da hat man dann zehn Jahre so zusammengelebt, um dann endlich vor den Traualter zu treten – und nach weiteren zehn Jahren war's das dann oft.

Zehn Jahre Zusammenleben sind keine Garantie, dass die Ehe dann auch funktioniert. Eine Garantie gibt es nie, aber den Willen und die echte Absicht, sich auf die Ehe voller Vertrauen einzulassen. Liebe sagt und spricht ein bedingungsloses „Ja". Das macht einen Unterschied. Viele haben noch immer im Kopf, dass der Tag der Hochzeit „der schönste Tag im Leben" sein wird, und verstehen ihn daher wie ein Event, etwas, das man einmal erlebt haben muss. Was danach kommt, interessiert viele nicht. Wenn es nicht klappt, dann lässt man sich eben wieder scheiden. Ein Ehepartner ist keine Waschmaschine, die ich erst einmal eine Zeit lang teste, um mich dann zu entscheiden, ob ich sie zurückgebe oder nicht. Ihr seid keine Waschmaschinen –

verschwendet euch nicht, seid es euch wert, den Richtigen, die Richtige zu finden! Seid stolz auf euch und eure Sexualität!

Ein zweiter Punkt: Wenn ich meine Geschlechtlichkeit ständig auslebe, wenn ich mich gar nicht bemühe, sie zu zügeln, dann bringt sie keine Energie, kann sie nicht in Kreativität und Lebensfreude umgesetzt werden. Das aber hat etwas mit Warten zu tun. Können wir, könnt ihr es noch abwarten? Wenn man auf nichts mehr warten muss, wird das Leben langweilig. Wenn ich das ganze Jahr Erdbeeren und Spargel essen kann, dann werden diese Leckereien allzu gewöhnlich. Das Leben ist kein ständiger Höhepunkt. Vielmehr ist es wichtig, abzuwarten und den richtigen Zeitpunkt abzupassen. Nicht triebgesteuert durch das Leben gehen, sondern geduldig warten, bis die ersehnte, wirklich geliebte Person, für die ich mich hinzugeben bereit bin, da ist: Dann wird der sexuelle Akt tatsächlich geheiligt. Mag ja sein, dass in der Schule einige Schürzenjäger mit ihren sexuellen Trophäen angeben – cooler ist derjenige, der offen sagt, dass er sich für diese Art des Umgangs mit der Geschlechtlichkeit zu schade ist. Man muss nicht alles ausprobiert haben. Viel wichtiger ist es, dass man den oder die, mit dem oder der man gerne eins werden möchte, wirklich liebt. Wahre Liebe vertraut darauf, dass der Partner der Richtige ist, auch wenn man nicht wissen kann, ob das das ganzes Leben lang so bleiben wird, und auch wenn es dafür keine Garantie gibt. Aber wenn ich mich darauf beschränke, nur dann mit jemandem zu schlafen, wenn ich mir sicher bin, dass ich ihn als Person meine, ihn liebe, so wie er ist, und mich von ihm geliebt fühle, so wie ich bin, dann liegt in dieser Beschränkung eine tiefe Wertschätzung meiner selbst, aber auch meines Partners.

In der berühmten 68er-Bewegung gab es eine sexuelle Revolution der Freizügigkeit. Ich meine, es wäre Zeit für eine Revolution der Enthaltsamkeit: um meiner selbst, aber auch um meines oder meiner Nächsten willen.

„Solange du deine Füße unter meinen Tisch stellst ..." – Leben in der Einheit mit Jesus

Bestimmt habt ihr von euren Eltern auch schon einmal diesen Ausspruch gehört: „Solange du deine Füße unter meinen Tisch stellst, kannst du das vergessen." Ein Familienvater erzählte mir, dass sein Vater ihm immer eine Variante davon vorhielt: „Solange sich mein Sohn den Tisch nicht leisten kann, an dem er sitzt, solange bestimme ich, was gut für ihn ist." Essen hält bekanntlich Leib und Seele zusammen. Und es ist eines der wichtigsten Rituale in egal welcher Gesellschaft, gemeinsam am Tisch zu sitzen, zu essen und dabei miteinander ins Gespräch zu kommen. Essen ist in diesem Sinn gemeinschaftsbildend. Das gilt im Besonderen auch für die Familie. Gemeinsam am Tisch zu sitzen, ist für alle eine wichtige Erfahrung, gerade weil heute jeder so seinen eigenen Tagesablauf hat und es unter der Woche häufig schwierig wird, alle Familienmitglieder zur gleichen Zeit zum Essen zu versammeln. Wenn es aber gelingt, dann ist das oft der Ort, an dem man spürt: Hier bin ich geborgen, das sind die Menschen, die ich liebe, mit denen ich gerne meine Zeit und mein Brot teile.

Wenn dann die Kinder älter werden und ihre eigenen Pläne machen, die oft gegen die der Eltern stehen, wenn ihr beispielsweise den Motorradführerschein oder ein Piercing plant oder in den Ferien durch

Neuseeland trampen wollt, dann kann es schon mal sein, dass euch dieser Spruch um die Ohren saust. Bis dann irgendwann der Tag kommt, an dem die vermeintlich Kleinen nicht mehr die Füße unter dem elterlichen Küchentisch haben.

Der Küchentisch steht für die Einheit in der Familie. Er symbolisiert etwas: Wenn alles okay ist, wenn alle gerne daran sitzen und miteinander essen und sprechen, dann ist die Einheit gegeben. Wenn aber Streit in der Luft liegt, wenn Konflikte schwelen, dann ist es oft sehr schwer, sich gemeinsam an einen Tisch zu setzen. Manchmal tun wir es dann trotzdem, vielleicht auch, weil keiner über den Streit sprechen möchte, und dann wird das ganze Essen über geschwiegen und nur das Nötigste gesprochen. Das ist ein schreckliches Gefühl und es wäre uns dann viel lieber, an einem anderen Tisch sitzen zu können, allein für uns, damit uns diese Spannung, die in der Luft liegt, oder die Wut, die schwelt, nicht so nahkommt. Denn wenn man gemeinsam am Tisch sitzt, spürt man sofort, ob alles in Ordnung ist oder ob man mehr oder weniger gezwungenermaßen am Essen teilnimmt. Dann gibt es die Tischgemeinschaft eigentlich nicht mehr und die Mahlgemeinschaft ist aufgehoben. Der Tisch ist dann gleichsam entzweit, kaputt. Statt die Einheit zu pflegen, zersägt die Spaltung die ehemals gemeinsame Tischplatte.

Zum Glück hält das meistens nur für eine mehr oder minder kurze Zeit an, irgendwann kommen dann die gepiercte Tochter oder der motorradpatentierte Sohn doch wieder an den Tisch. Rückkehr und

Umkehr sind gerade in Bezug auf die Gemeinschaft wichtige Begriffe.

„Kehrt um! Denn das Himmelreich ist nahe!" Das ist der Beginn, der Anfangssatz der Verkündigung Jesu, das Erste, was wir laut den Evangelien aus seinem Mund hören. Mit der Umkehr beginnt der wahre Heilungsprozess auf Einheit hin – jene Einheit, zu der Paulus die Gemeinde in Korinth aufruft:

Mahnung zur Einheit

„Ich ermahne euch aber, Brüder, im Namen Jesu Christi, unseres Herrn: Seid alle einmütig und duldet keine Spaltungen unter euch; seid ganz eines Sinnes und einer Meinung! Es wurde mir nämlich, meine Brüder, von den Leuten der Chloë berichtet, dass es Zank und Streit unter euch gibt. Ich meine damit, dass jeder von euch etwas anderes sagt: Ich halte zu Paulus – ich zu Apollos – ich zu Kephas – ich zu Christus.

Ist denn Christus zerteilt? Wurde etwa Paulus für euch gekreuzigt? Oder seid ihr auf den Namen des Paulus getauft worden?"

(1 Korinther 1,10–13)

Christus ist nicht zerteilt – und so darf sein mystischer Leib, der die Kirche ist, auch nicht zerspalten oder geteilt sein. Die Einheit muss gewahrt bleiben beziehungsweise immer wieder gesucht werden. Kehrt um! Kommt zurück an den Küchentisch der Familie – kehrt zurück zur Einheit der Kirche!

Vor einigen Jahren sorgte eine Altarinstallation in der Kölner Kirche Sankt Peter für einigen Wirbel und Aufruhr. Der ansässige Pfarrer, der bekannte Jesuit und Kunstprofessor Friedhelm Mennekes, hatte von dem spanischen Künstler Eduardo Chillida einen Altar installieren lassen. Der bestand aus zwei sich ineinander verschränkenden Kreuzen. Es war ein interessantes Kunstwerk, das gewiss theologisch gut durchdacht war. Allerdings – und das sorgte für Wirbel – wurde verboten, an diesem Altar zu zelebrieren! Und schon hatte man in Köln ein kirchliches Skandälchen! Warum und weshalb wurde es verboten? Die Antwort ist sehr einfach: Die Altarplatte, die sogenannte Mensa, bestand nicht aus einem einzigen Stein, sondern war eben entzwei. Der Altar, die Tischplatte, steht für die Einheit der Kirche; sie symbolisiert in der Liturgie Christus selbst. *„Ist denn Christus zerteilt?"* Als Christen sind wir gerufen und berufen, immer wieder die Einheit zu suchen. Dazu sendet der Herr seine Jünger aus, das ist die große Aufgabe von den zuerst Erwählten Petrus, Andreas, Jakobus und Johannes über Paulus bis zu uns heute. Dabei geht es um eine Einheit, die wir nicht künstlich erzeugen müssen, sondern die uns in Jesus Christus bereits vorgegeben ist. Er selbst ist das Einheitsprinzip der Kirche. Wenn wir also die „Füße unter seinen Tisch stellen" und die Gemeinschaft mit ihm feiern, dann ist Einheit keine realitätsferne Utopie, sondern wird gleichsam greifbare Wirklichkeit.

Überlegt einmal zum Schluss:

Wo habe ich die Einheit mit Gott und den Mitmenschen gepflegt, wo habe ich sie aufgegeben?

Suche ich nach endlosen Diskussionen und Konflikten noch die Einheit?

In jeder Klasse und Gruppe gibt es Menschen, die nicht gut integriert sind, die scheinbar die Einheit stören. Bemühe ich mich von meiner Seite aus um sie?

I want to ride my bicycle –
die Nabe, um die sich
alles dreht!

Am Ende unserer Betrachtungen und Überlegungen wollen wir auf ein Meditationsbild eingehen. Dabei handelt es sich um das sogenannte Rad des heiligen Klaus von der Flüe, der im 15. Jahrhundert in der Schweiz lebte. Im für damalige Zeit hohen Alter von 30 Jahren heiratete er seine Frau Dorothea, mit der er in den folgenden Jahren zehn Kinder bekam. Er war Landwirt, gleichzeitig Soldat und Bürgermeister. Er hatte sich großen Besitz, viele Ländereien und zudem drei Almen erarbeitet. Der heilige Klaus war ein frommer Mann, der oftmals sogar nachts aufstand, um zu beten. Schließlich festigte sich immer mehr in ihm die Einsicht, dass er zu einem Einsiedlerleben berufen sei. So verließ er im Alter von 50 Jahren Frau, Kinder und Besitz, um ein Leben in der Einsamkeit zu führen, wenn auch nur wenige Minuten von seinem Haus entfernt. Auch wenn er in der Einsiedelei lebte und sein Leben nun ganz Gott widmete, so kamen doch viele Menschen zu ihm, die ihn um seinen Rat baten.

Neben vielen anderen Dingen ist er wegen seines Meditationsrades bekannt:

In der Mitte befindet sich das Antlitz Christi, sozusagen als Dreh- und Angelpunkt. Von ihm gehen drei Strahlen aus, und drei wiederum laufen auf sein Gesicht zu. Die drei Strahlen, die auf ihn zulaufen, beschreiben die Art, wie sich Gott in die Geschichte hinein entäußert, nämlich durch die Schöpfung, durch die Kreuzigung und durch die Geistsendung an Maria. Die drei übrigen Strahlen beschreiben, wie Gott sich sozusagen ganz kleinmacht, um in der Welt zu sein, nämlich durch die Geburt Jesu im

Stall, im Verrat durch Judas und schließlich in der Eucharistie.

Mit diesem Meditationsbild ist das berühmte Gebet des Bruders Klaus verbunden:

„Mein Herr und mein Gott,
nimm alles von mir, was mich hindert zu dir!
Mein Herr und mein Gott,
gib alles mir, was mich fördert zu dir!
Mein Herr und mein Gott,
nimm mich mir und gib mich ganz zu eigen dir!"

Mit dem ersten Vers können wir sozusagen mit den Strahlen „herauswerfen", was uns an unserem christlichen Leben hindert. Der zweite Vers betrifft alles, was uns in unserem Gottesbezug hilft. Und schließlich geht es darum, dass wir uns ganz auf die Dynamik Gottes einlassen.

Dynamik – christlicher Glaube ist nichts Lahmes oder gar Erstarrtes. Unser Glaube ist ständig unterwegs, er will auf dem Laufenden sein, indem er in unserem Hier und Heute ansetzt.

Stellen wir uns nun also vor, wie das Rad ins Laufen kommt: Überwiegen die Zentrifugal- oder die Zentripedalkräfte? Will das Rad auseinanderreißen, weil ich zu viel Ballast, sprich Sünde und andere Dummheiten, mit mir herumschleppe? Oder wirken bereits die Momente, die mich immer näher an Gott heranführen? Es kann auch sein, dass das Rad noch eiert. Dann ist es wichtig, in aller Ruhe noch einmal anzuhalten und zu schauen, warum das so ist.

Also noch einmal: Was hindert mich, überzeugt als Christ zu leben? Ist es das Umfeld? Ist es vielleicht einfach nicht „en vogue"? Oder bin ich schlichtweg zu faul? Dann sollte ich meinen Blick auf die Mitte des Rades lenken und mir genau überlegen, ob Jesus Christus tatsächlich die Sehnsucht meines Lebens ist.

Und nun wieder zum zweiten Schritt: Was führt mich zu ihm hin? Es könnte sein, dass das Rad eiert, weil ich mich vielleicht sehr der Liturgie hingeben kann, aber das Zeugnis in der Welt und die gelebte Nächstenliebe in meinem Leben eher eine untergeordnete Rolle spielen. Andererseits ist es möglich, dass das Gebet in den Hintergrund getreten ist, damit ich Nächstenliebe und Diakonie voll ausleben kann. Liturgie, Zeugnis und gelebte Nächstenliebe wollen und müssen aber im ausgewogenen Verhältnis sein, sonst kommt das Rad ins Schlingern.

Es muss ja noch nicht alles perfekt sein, die Hauptsache ist, es läuft schon mal rund! Und rund läuft es dann, wenn wir durch unser Beten und Tun Jesus Christus in der Welt sichtbar machen. Das wäre sozusagen die Vergegenwärtigung der drei Strahlen: indem wir erstens seine Schöpfung loben und ehren und selbst schöpferisch, kreativ sind, indem wir zweitens zu begeisternden Geistträgern werden und schließlich drittens, indem wir das eigene Kreuz annehmen.

Stellen wir uns vor, wie das Rad ins Rollen kommt, wie wir nun endlich unsere ganze Power, die PS, auf die Straße bringen können: Wenn ein Rad mal im Rollen ist, dann sieht man von den Speichen nichts mehr, sie scheinen unsichtbar. Automatisch konzentriert sich der Blick auf die Mitte des Rades, den Radkranz. Das ist der Punkt, der diese Welt im Innersten zusammenhält. Dass unser Lebensrad nicht eiert oder gar auseinanderfällt, verdanken wir allein ihm. Es bekommt allerdings mächtig Schlagseite, wenn wir uns nicht mehr auf diese Mitte hin ausrichten, wenn uns Dankbarkeit und Demut abhandenkommen.

Das Rad auf die Straße bringen und zeigen, wer in der Mitte ist, darum geht es im Leben eines jeden Christen. Viele lassen den lieben Gott einen guten Mann sein und wenden sich erst dann – in der Regel verzweifelt – an ihn, wenn es im Leben irgendwie nicht mehr läuft. Er ist sozusagen für viele nur der Notausgang.

Wenn ich ihn aber erst suche, wenn das Leben aus den Fugen geraten ist, werde ich seine Gegenwart kaum noch wahrnehmen können. Am besten finde ich Gott, wenn das Leben rund läuft, wenn es gelingt, wenn ich mich in meiner eigenen Haut pudelwohl fühle. Dann nämlich finde ich ihn genau in der Mitte meines Lebens. Läuft aber bereits alles schief und krumm, dann vermag ich in diesem Chaos gar keine Mitte mehr auszumachen.

Die einfachste Methode, Gott zu finden, ist immer noch, ihm in Zeiten der Zufriedenheit, im durchschnittlichen Alltag zu danken. Wer gelernt hat, Gott für das Gute im Leben zu danken, der kann auch fest davon ausgehen, dass er mit ihm ist, wenn das Leben mal einer Achterbahn gleicht.

Dazu kommt die Demut – die „Humilitas", die beim Humus, also ganz unten auf dem erdigen Boden, ansetzt. Wenn wir uns im Meditationsrad von Bruder Klaus die sechs Kreise um die Mitte, in der Christus ist, anschauen, entdecken wir in jedem auf dem Boden liegend ein Symbol, das für eins der sieben Werke der Barmherzigkeit steht.

„Wenn der Menschensohn in seiner Herrlichkeit kommt und alle Engel mit ihm, dann wird er sich auf den Thron seiner Herrlichkeit setzen. Und alle Völker werden vor ihm zusammengerufen werden und er wird sie voneinander scheiden, wie der Hirt die Schafe von den Böcken scheidet. Er wird die Schafe zu seiner Rechten versammeln, die Böcke aber zur Linken. Dann wird der König denen auf der rechten Seite sagen: Kommt her, die ihr von meinem Vater gesegnet seid, nehmt das Reich in Besitz, das seit der Erschaffung der Welt für euch bestimmt ist. Denn ich war hungrig und ihr habt mir zu essen gegeben; ich war durstig und ihr habt mir zu trinken gegeben; ich war fremd und obdachlos und ihr habt mich aufgenommen; ich war nackt und ihr habt mir Kleidung gegeben; ich war krank und ihr habt mich besucht; ich war im Gefängnis und ihr seid zu mir gekommen.
Dann werden ihm die Gerechten antworten: Herr, wann haben wir dich hungrig gesehen und dir zu essen gegeben, oder durstig und dir zu trinken gegeben? Und wann haben wir dich fremd und obdachlos gesehen und aufgenommen, oder nackt und dir

Kleidung gegeben? Und wann haben wir dich krank oder im Gefängnis gesehen und sind zu dir gekommen? Darauf wird der König ihnen antworten: Amen, ich sage euch: Was ihr für einen meiner geringsten Brüder getan habt, das habt ihr mir getan.

Dann wird er sich auch an die auf der linken Seite wenden und zu ihnen sagen: Weg von mir, ihr Verfluchten, in das ewige Feuer, das für den Teufel und seine Engel bestimmt ist! Denn ich war hungrig und ihr habt mir nichts zu essen gegeben; ich war durstig und ihr habt mir nichts zu trinken gegeben; ich war fremd und obdachlos und ihr habt mich nicht aufgenommen; ich war nackt und ihr habt mir keine Kleidung gegeben; ich war krank und im Gefängnis und ihr habt mich nicht besucht.

Dann werden auch sie antworten: Herr, wann haben wir dich hungrig oder durstig oder obdachlos oder nackt oder krank oder im Gefängnis gesehen und haben dir nicht geholfen? Darauf wird er ihnen antworten: Amen, ich sage euch: Was ihr für einen dieser Geringsten nicht getan habt, das habt ihr auch mir nicht getan. Und sie werden weggehen und die ewige Strafe erhalten, die Gerechten aber das ewige Leben."

(Matthäus 25,31–46)

Es geht nicht um eine weltabgewandte Christusfrömmigkeit. Frömmigkeit muss Erdhaftung haben, muss ganz konkret bei meinem Nächsten und im Alltag ansetzen. So sehen wir beispielsweise im Meditationsrad im Bild von der Verkündigung Mariens am Boden zwei Krücken liegen. Sie stehen für das barmherzige Werk der Heilung. Im Letzten ist es immer der Heilige Geist, der heil macht. So trugen auch die ersten Krankenhäuser alle seinen Namen. Das barmherzige Werk der Aufnahme von Fremden, Obdachlosen und Pilgern finden wir im Bild des Geschehens der Geburt Christi, denn durch seine Geburt lässt er sich auf die Pilgerschaft und die Vergänglichkeit des Lebens ein. Im Schöpfungskreis darüber finden wir zwei Werke der Barmherzigkeit: Hunger und Durst stillen, und zwar aus den Gaben der Schöpfung Gottes. Der Szene der Gefangennahme Jesu korrespondiert der Besuch der Kranken und Gefangenen, dargestellt in den auf dem Boden liegenden Ketten. Zu Füßen des Kreuzes Jesu finden wir im Meditationsrad ein Gewand. Es steht symbolisch dafür, dass Jesus nackt zur Welt gekommen ist und nackt am Kreuz stirbt, damit wir uns vor Gott in aller Blöße und Nacktheit von Schwäche, Sünde, Vergänglichkeit und Schuld zeigen können. Hinter dem zelebrierenden Priester schließlich sehen wir einen Sarg. Er stellt das siebte Werk der Barmherzigkeit dar: Tote begraben. Das tun wir in der festen Gesinnung, dass wir durch die eucharistische Speise Proviant für den Weg ins ewige Leben haben.

Christsein muss sich im oftmals grauen Alltag bewähren. Dort gilt es, auf Christus hinzuweisen, indem wir die Werke der Barmherzigkeit in unsere eigene Tat umsetzen. Möglichkeiten gibt es zu genüge. Ich möchte einige Beispiele nennen: Da gibt es junge Menschen, die einmal wöchentlich ältere Mitmenschen besuchen, für sie Einkäufe erledigen oder sich einfach mit ihnen unterhalten. Andere helfen jüngeren Schülern bei den Hausaufgaben, wieder andere engagieren sich für die Integration von ausländischen Mitbürgern. In manchen Städten, in denen anonyme Beerdigungen keine Seltenheit mehr sind, begleiten einige Jugendliche den Priester, um so dem Verstorbenen eine würdige Bestattung zu bereiten. Manche helfen in Kleiderkammern mit, und all das geschieht ehrenamtlich, einfach so, ohne Bezahlung und ohne Zwang. So etwas macht viele Zeitgenossen stutzig. Sie werden lange nach dem Haken suchen, den aber gibt es nicht. Statt dem Haken gibt es nur die unverbrüchliche Mitte Jesus Christus.

Ist es in unserer Zeit nicht fast schon eine Provokation, wenn junge Menschen ehrenamtlich im Sinn des christlichen Glaubens handeln? Bestimmt ist es eine Provokation, und das ist gut so. Denn jede Provokation ruft in ihrem Wortsinn heraus: Sie ruft heraus aus der Lethargie von Verantwortungslosigkeit und „Wegschau-Mentalität", sie ruft heraus aus der Langeweile einer anonymen Gesellschaft.

Zudem werden sich viele fragen: „Warum tun die das?", und vielleicht damit die Feststellung verbinden: „Wenn das alle täten, dann wäre die Welt bestimmt erlöster!" Auf einmal sind die jungen Menschen zu Missionaren geworden – nicht etwa durch wortgewaltige Predigten oder durch wichtigtuerische Programme zur Besserung der Gesellschaft, sondern einfach durch die gelebte Nächstenliebe.

Charles de Foucauld, der als einziger Christ unter Moslems in der Wüste Sahara lebte, bezeichnete das nicht als Provokation, sondern als Prävokation, das heißt, er war der Überzeugung, dass der eigentlichen Berufung der Menschen etwas vorausgehen müsse, etwas, was zeigt, dass christlicher Glaube dem Leben einen tiefen Sinn gibt, der sich zugleich in den Werken der Barmherzigkeit ausdrückt.

Jugendliche, die bewusst aus dem Glauben leben, die ihr Lebensrad um die Mitte Jesus Christus drehen lassen, sind provokativ, evokativ und prävokativ. Und damit sind sie schließlich vokativ – berufend. So kommen wir wieder an den Anfang zurück: *„Da sagte er zu ihnen: Kommt her, folgt mir nach! Ich werde euch zu Menschenfischern machen"* (Markus 1,17).

Wozu bin ich berufen? Überzeugt aus der Botschaft Christi zu leben; das, was ich vom Evangelium verstanden habe, in meinem Leben umzusetzen – das ist die Berufung zum Menschenfischer!

Anmerkungen und Quellennachweis

[1] aus: Hans Schaller, Wie finde ich meinen Weg. Eine christliche Lebenshilfe (Topos plus 580), © Matthias-Grünewald-Verlag der Schwabenverlag AG, Ostfildern, 6. Auflage 2009, S. 65 f.

[2] Hugo Rahner, Ignatius von Loyola als Mensch und Theologe, Freiburg im Breisgau 1964, S. 231.

[3] aus: Hans Schaller, a. a. O., S. 67.

[4] aus: Fritz Reheis, Die Kreativität der Langsamkeit, © Wissenschaftliche Buchgesellschaft, Darmstadt, S. 95.

[5] Hans Künzler: Es war einmal ein Wunderknabe In: Orientierung Nr. 7, Jg. 39 (1975), S. 73.

[6] Gerd Theißen, Wir haben alles verlassen. Nachfolge und soziale Entwurzelung in der jüdisch-palästinischen Gesellschaft des 1. Jahrhunderts n. Chr., in: NT 29 (1977), S. 161–196, hier S. 165.

[7] aus: Detlev Block: „Der Himmel hat viele Farben – Gedichte", Schardt Verlag, Oldenburg 2006. Originaltitel des Textes: „Dank".

[8] aus: Bonhoeffer, D., Widerstand und Ergebung, © 1998 Gütersloher Verlagshaus, Gütersloh, in der Verlagsgruppe Random House GmbH, München.

[9] aus: Franz-Josef Nocke, Liebe, Tod und Auferstehung, © Kösel Verlag in der Verlagsgruppe Random House, München 2005, S. 133.

[10] ebd., S. 135.

[11] Max Scheler: Vom Sinn des Leidens, in: Ders., Liebe und Erkenntnis, München 1970, S. 66.

[12] aus: Nelly Sachs, Fahrt ins Staublose, © Suhrkamp Verlag, Frankfurt am Main 1988.

Die Bibeltexte wurden entnommen aus: Einheitsübersetzung der Heiligen Schrift, © 1980 Katholische Bibelanstalt, Stuttgart.

Bildnachweis

S. 107: Betrachtungsbild von Bruder Klaus, Leinwandtafel, um 1475/1480 gemalt. In der Mitte das Antlitz Gottes. In den Medaillons die Großtaten Gottes. Eine Kopie des Originals befindet sich in der Pfarrkirche Sachseln (Grab von Bruder Klaus).

Der Autor

Christof May, Dr. theol., geboren 1973; Studium der Katholischen Theologie und Philosophie; 2000 Priesterweihe; 2006–2008 Aufbau der City-Pastoral in Wiesbaden, seit 2008 Pfarrer in Braunfels/Hessen; Veröffentlichungen zu religiösen Themen.

Beten kann man lernen

Patrik C. Höring

Beten – so einfach geht's!

96 Seiten, durchgehend zweifarbig mit Fotos gestaltet
Format: 10,5 x 15,5 cm, Paperback
ISBN 978-3-7666-0894-9
(In Gemeinschaft mit Verlag Haus Altenberg, Düsseldorf)

Modern und mit außergewöhnlichen Fotos gestaltet, bietet das Buch Jugendlichen eine altersgemäße Anleitung zum persönlichen Beten. Darin finden sich auch die Grundgebete der Kirche sowie bekannte christliche Gebete, die auch jungen Menschen heute noch viel zu sagen haben.

Butzon & Bercker Kevelaer
www.bube.de